भारत विभाजन के गुनहगार

राममनोहर लोहिया

अनुवाद
ओंकार शरद

लोकभारती पेपरबैक्स

पहला सजिल्द संस्करण
लोकभारती प्रकाशन द्वारा
2006 में प्रकाशित

लोकभारती पेपरबैक्स में
पहला संस्करण : 2008
इक्कीसवाँ संस्करण : 2025

लोकभारती पेपरबैक्स : उत्कृष्ट साहित्य के जनसुलभ संस्करण

लोकभारती प्रकाशन
पहली मंजिल, दरबारी बिल्डिंग, महात्मा गांधी मार्ग,
प्रयागराज-211 001
द्वारा प्रकाशित
शाखाएँ : 1-बी, नेताजी सुभाष मार्ग, दरियागंज, नई दिल्ली-110 002
अशोक राजपथ, साइंस कॉलेज के सामने, पटना-800 006
1, अनमोल सोराबजी सन्तुक लेन, धोबी तलाव, मरीन लाइंस, मुम्बई-400 002
वेबसाइट : www.lokbhartiprakashan.com
ई-मेल : info@lokbhartiprakashan.com

विकास कम्प्यूटर एंड प्रिंटर्स
ट्रॉनिका सिटी-201 102
द्वारा मुद्रित

मूल्य : ₹199

BHARAT VIBHAJAN KE GUNAHGAR
by Ram Manohar Lohia
Translated by Onkar Sharad

ISBN : 978-81-8031-348-6

राममनोहर लोहिया

राममनोहर लोहिया का जन्म 23 मार्च, 1910 को फैजाबाद, उत्तर प्रदेश में हुआ। उन्होंने अकबरपुर, बनारस और कलकत्ता से शिक्षा प्राप्त की। बर्लिन विश्वविद्यालय से 1933 में अर्थशास्त्र में पी-एच.डी.। 1934 में कांग्रेस सोशलिस्ट पार्टी के संस्थापक सदस्य, राष्ट्रीय कार्यकारिणी के सदस्य, अंग्रेजी साप्ताहिक 'कांग्रेस सोशलिस्ट' का सम्पादन। 1936-38, अखिल भारतीय कांग्रेस समिति के विदेश सचिव। 1942 की अगस्त क्रान्ति का नेतृत्व, विशेष रूप में कांग्रेस रेडियो का संचालन। 1944 के आरम्भ में गिरफ्तारी, लाहौर के किले में यातनाएँ। 1946 में बंगाल और बाद में दिल्ली में गांधी जी के शान्ति प्रयत्नों में सक्रिय योग। 1948 में हिन्द किसान पंचायत के अध्यक्ष। 1947-51, समाजवादी दल की विदेश नीति समिति के सम्मेलन में भारतीय प्रतिनिधि के रूप में यूरोप यात्रा, 1951 में विश्व-यात्रा। 1954 में प्रजा सोशलिस्ट पार्टी के महामंत्री। 1955-56, सोशलिस्ट पार्टी की स्थापना, प्रथम अध्यक्ष। 1958 में अंग्रेजी हटाओ, दाम बाँधो और जाति-विनाश आन्दोलनों का सूत्रपात और संगठन निर्माण। 1962 में फर्रुखाबाद, उत्तर प्रदेश से उपचुनाव में लोकसभा के सदस्य निर्वाचित। 1964 में अमरीका यात्रा और रंगभेद के विरुद्ध सिविल नाफरमानी करने पर गिरफ्तारी। 1937 से 1966 के बीच ब्रितानी, पुर्तगाली, और कांग्रेसी शासनों द्वारा कुल 18 बार गिरफ्तार। उन्होंने इतिहास, राजनीति, धर्म, दर्शन, समाजशास्त्र जैसे अनेक विषयों पर लिखी अपनी रचनाओं में आधुनिक और जटिल-से-जटिल विचारों को अपनी अनूठी शैली में अभिव्यक्ति देकर न केवल हिन्दी की अभिव्यंजना शक्ति को प्रदर्शित किया बल्कि भाषा की समता को नया विस्तार दिया।

12 अक्टूबर, 1967 को नई दिल्ली के विलिंग्डन अस्पताल में उनका निधन हुआ।

ओंकार शरद

ओंकार शरद ने अपनी रचनाओं और अनुवादों के माध्यम से हिन्दी साहित्य और समाज को समृद्ध किया है। उनकी प्रमुख पुस्तकें हैं—'अन्तिम बेला', 'नाता-रिश्ता', 'मिट्टी छाया', 'आँचल का आसरा' (उपन्यास); 'लंका महराजिन', 'खाँ साहब', 'कच्ची नींद', 'झपकियाँ', 'हमारी गांधी वापस करो!' (कहानियाँ-स्केच); 'लोहिया : एक प्रामाणिक जीवनी' (जीवनी); 'लोहिया के विचार', 'भारतमाता-धरतीमाता' (सम्पादन)। उनके द्वारा किए गए कुछ महत्त्वपूर्ण अनुवाद हैं—'अन्नपूर्णा', 'मेरा बचपन', 'यह दुनिया!', 'नया बसन्त', 'चरित नायक', 'नारी का रूप'।

भारत की आजादी के साथ जुड़ी देश-विभाजन की कथा बड़ी व्यथा-भरी है। आजादी के सुनहरे भविष्य के लालच में देश की जनता ने देश-विभाजन का जहरीला घूँट दवा की तरह पी लिया, लेकिन यह प्रश्न आज तक अनुत्तरित ही बना हुआ है कि क्या भारत-विभाजन आवश्यक था ही? इस सम्बन्ध में मौलाना अबुलकलाम आजाद ने अवश्य लिखा है और उन्होंने विभाजन की जिम्मेदारी तत्कालीन अन्य नेताओं पर लादी है। डॉ. राममनोहर लोहिया ने विभाजन के निर्णय के समय होने वाली सभी घटनाओं को प्रत्यक्ष देखा था और इस पुस्तक में उन्होंने देश-विभाजन के कारणों और उस समय के नेताओं के आचरण पर बड़ी निर्भीकता से विश्लेषण प्रस्तुत किया है।

लोहिया जी इस देश-विभाजन को नकली मानते थे और उनका विश्वास था कि एक दिन फिर देश के बँटे हुए टुकड़े एक होकर पूरा भारत एक बनाएँगे। लोहिया का यह सपना सच हो, यही कामना हम भी करते हैं।

—ओंकार शरद

भूमिका[1]

मौलाना आजाद कृत 'इंडिया विन्स फ्रीडम' के परीक्षण की जो बात मेरे मन में उठी, उसे जब मैंने लिखना शुरू किया तो वह देश के विभाजन का एक नया वृत्तान्त बन गया। यह वृत्तान्त हो सकता है, बाह्य रूप में, संगतवार व कालक्रमवार न हो, जैसा कि दूसरे लोग इसे चाहते, लेकिन कदाचित यह अधिक सजीव व वस्तुनिष्ठ बन पड़ा है। छपाई के दौरान इसके प्रूफ देखते समय इसमें स्पष्ट हुए दो लक्ष्यों के प्रति मैं सतर्क हुआ। एक, गलतियों और झूठे तथ्यों को जड़ से धोना और कुछ विशेष घटनाओं और सत्य के कुछ पहलुओं को उजागर करना और दूसरा, उन मूल कारणों को रेखांकित करना जिनके कारण विभाजन हुआ। इन कारणों में, मैंने आठ मुख्य कारण गिनाए हैं। एक, ब्रितानी कपट, दो, कांग्रेस नेतृत्व का उतारवय, तीन, हिन्दू-मुस्लिम दंगों की प्रत्यक्ष परिस्थिति, चार, जनता में दृढ़ता और सामर्थ्य का अभाव,

---

1. दिसम्बर, 1960 में प्रकाशित मूल अंग्रेजी पुस्तक 'गिल्टी मैन ऑफ इंडियाज पार्टीशन' के प्रथम संस्करण की भूमिका से।

पाँच, गांधी जी की अहिंसा, छह, मुस्लिम लीग की फूटनीति, सात, आए हुए अवसरों से लाभ उठा सकने की असमर्थता और आठ, हिन्दू अहंकार।

श्री राजगोपालाचारी अथवा कम्युनिस्टों की विभाजन समर्थक नीति और विभाजन के विरोध में कट्टर हिन्दूवादी या दक्षिणपंथी राष्ट्रवादी नीति को विशेष महत्त्व देने की आवश्यकता नहीं। ये सभी मौलिक महत्त्व के नहीं थे। ये सभी गम्भीर शक्तियों के निरर्थक और महत्त्वहीन अभिव्यक्ति के प्रतीक थे। उदाहरणार्थ, विभाजन के लिए कट्टर हिन्दूवाद का विरोध असल में अर्थहीन था, क्योंकि देश को विभाजित करने वाली प्रमुख शक्तियों में निश्चित रूप से कट्टर हिन्दूवाद भी एक शक्ति थी। यह उसी तरह थी जैसे हत्यारा, हत्या करने के बाद अपने गुनाह मानने से भागे।

इस सम्बन्ध में कोई भूल या गलती न हो। अखंड भारत के लिए सबसे अधिक व उच्च स्वर में नारा लगाने वाले, वर्तमान जनसंघ और उसके पूर्व पक्षपाती जो हिन्दूवाद की भावना के अहिन्दू तत्त्व के थे, उन्होंने ब्रिटिश और मुस्लिम लीग की देश के विभाजन में सहायता की, यदि उनकी नियत को नहीं, बल्कि उनके कामों के नतीजों को देखा जाए तो यह स्पष्ट हो जाएगा। एक राष्ट्र के अन्तर्गत मुसलमानों को हिन्दुओं के नजदीक लाने के सम्बन्ध में उन्होंने कुछ नहीं किया। उन्हें एक-दूसरे से पृथक् रखने के लिए लगभग सब कुछ किया। ऐसी पृथकता ही विभाजन का मूल कारण है। पृथकता की नीति को अंगीकार करना, साथ ही अखंड भारत की भी कल्पना करना अपने-आप में घोर आत्मवंचना है, यदि हम यह भी मान लें कि ऐसा करने वाले ईमानदार लोग हैं। उनके कृत्यों को युद्ध के सन्दर्भ में अर्थ और अभिप्राय माना जाएगा जबकि वे उन्हें दबाने की शक्ति रखते हैं जिन्हें पृथक् करते हैं। ऐसा युद्ध असम्भव है, कम-से-कम हमारी शताब्दी के लिए और यदि कभी यह सम्भव भी हुआ तो इसका कारण घोषणा न होगी। युद्ध के बिना, अखंड भारत और हिन्दू-मुस्लिम पृथकता की दो कल्पनाओं का एकीकरण, विभाजन की नीति को समर्थन और पाकिस्तान को संकटकालीन सहायता देने जैसा ही है। भारत

के मुसलमानों के विरोधी पाकिस्तान के मित्र हैं। जनसंघी और हिन्दू नीति के सभी अखंड भारतवादी वस्तुतः पाकिस्तान के सहायक हैं। मैं एक असली अखंड भारतीय हूँ। मुझे विभाजन मान्य नहीं है। विभाजन की सीमारेखा के दोनों ओर ऐसे लाखों लोग होंगे, लेकिन उन्हें केवल हिन्दू या केवल मुसलमान रहने से अपने को मुक्त करना होगा, तभी अखंड भारत की आकांक्षा के प्रति वे सच्चे रह सकेंगे।

दक्षिण राष्ट्रवादिता की दो धाराएँ हैं, एक धारा ने विभाजन के विचार को समर्थन दिया, जबकि दूसरी ने इसका विरोध किया। जब ये घटनाएँ घटीं, तब उनकी नाराज व खुश करने की शक्ति कम न थी, लेकिन वे घटनाएँ फलहीन थीं। महत्त्वहीन। दक्षिण राष्ट्रवादिता केवल शाब्दिक या शब्दहीन विरोध कर सकती थी, इसमें सक्रिय विरोध करने की ताकत न थी। अतः इसका विरोध समर्पण अथवा राष्ट्रीयता की मूलधारा से दूर होने में मिट गया। इसी तरह, दक्षिण राष्ट्रवादी विचार, जिसने विभाजन में मदद की, उसने थोड़ी भिन्न भूमिका भी अदा की, इस सत्य के बावजूद कि इसके भाषणों से असली राष्ट्रवादी बुरी तरह ऊब चुके थे। इस भाषणबाजी में प्रभाव की शक्ति न थी। दोष उसमें इसी का न था, भारतीय जनता व भारतीय राष्ट्रवाद की पलायनवृत्ति, पंगुत्व, भग्नता और आत्मशक्ति की कमी का भी दोष था। दक्षिण राष्ट्रवादिता ने विभाजन का समर्थन और विरोध दोनों किया, यह उनके मूल वृक्ष की निष्पर्ण शाखाएँ थीं। मुझे कभी-कभी आश्चर्य होता है कि क्या देशद्रोही लोग भी कभी इतिहास बनाने में कोई मौलिक भूमिका अदा करते हैं। ऐसे लोग तिरस्करणीय होते हैं, इसमें कोई संशय नहीं, लेकिन वे क्या महत्त्वपूर्ण लोग हैं, मुझमें इसमें शक है। ऐसे देशद्रोहियों के काम अर्थहीन होंगे, यदि उन्हें पूरे समाज के गुप्त विश्वासघात का सहयोग न मिले।

इसी तरह कम्युनिस्ट-विश्वासघात ने कोई मौलिक भूमिका अदा नहीं की। इससे कोई नतीजा नहीं निकला, नतीजे का कारण अन्यत्र है। विभाजन के कम्युनिस्ट समर्थन ने पाकिस्तान को नहीं बनाया। अधिक-से-अधिक, इसकी

भूमिका अंडा सेने जैसी रही। अब तो कोई यह याद भी नहीं करता सिवा कम्युनिज्म विरोधी बासी प्रचार-तर्क के रूप में। मैं तो कम्युनिस्ट-विश्वासघात के इस कपटी पहलू को क्षणिक मानता हूँ जिसका लोगों पर कोई प्रभाव नहीं है, लेकिन दूसरे देशद्रोही ऐसे भाग्यशाली नहीं हैं। अच्छा तो यह होगा कि कम्युनिस्टों की अन्दरूनी जाँच करके पता लगाया जाए कि जब उन्होंने विभाजन का समर्थन किया तब उसके मन में क्या था।

सम्भवत: भारतीय कम्युनिस्टों ने विभाजन का समर्थन इस आशा से किया था कि नवजात राज्य पाकिस्तान पर उनका प्रभाव रहेगा, भारतीय मुसलमानों में असर रहेगा और हिन्दू मन की दुर्बलता के कारण उनसे मन फटने का कोई भारी खतरा भी न रहेगा, लेकिन उनकी योजना गलत सिद्ध हुई, सिवा थोड़े क्षेत्र को छोड़कर, जहाँ कि उन्होंने भारतीय मुसलमानों में कुछ छिटपुट प्रभाव-स्थल बनाए और हिन्दुओं में अपने लिए क्रोध न उभरने दिया। इस तरह उन्होंने अपने साथ अधिक धूर्तता नहीं की और साथ ही देश के लिए भी कोई लाभदायक काम नहीं किया।

अपने स्वभाव से कम्युनिस्टी दाँव-पेच का स्वरूप ऐसा है कि यह तभी जनता में शक्ति ला सकता है जब उनकी सफलता हो, अन्यत: लाजिमी तौर पर यदि सफलता न मिले तो जनता को कमजोर करने में ही वे सहायक होते हैं। राष्ट्रीयता में आत्मविश्वास रूस के लिए निरर्थक है, इसका प्रचार-महत्त्व तो जारकालीन रूस में ही समाप्त हो गया था। साम्यवाद तो पृथकतावाद है, जब यह शक्तिहीन रहता है, अपने शत्रु को कमजोर करने के लिए, सशक्त राष्ट्रीयता का सहारा लेता है। जब यह राष्ट्रीयता का प्रतिनिधित्व करता है तब वह पृथकतावादी नहीं रहता। साम्यवाद कोरिया और वियतनाम में एकतावादी है और जर्मनी में पृथकतावादी। अधिकतर लोग प्रत्यक्ष उदाहरण देखते हैं, अनुमान पर राय नहीं बनाते। जब साम्यवाद के एकतावादी शक्तिदायक उदाहरण दिखाने की आवश्यकता होती है तब सोवियत रूस और वियतनाम के उदाहरण रखे जाते हैं और जब स्वतंत्रता की भावना का उदाहरण रखना

होता है तब भारत और जर्मनी का उदाहरण रखा जाता है। इस बात का पेच कहीं और है। साम्यवाद के लिए कामगर राज्य के सिद्धान्त के अलावा कोई अन्य सिद्धान्त माने नहीं रखता, ऐसा सिद्धान्त लाजिमी तौर पर किसी भी राष्ट्र को कमजोर बनाता है, कुछ विशेष परिस्थितियों को छोड़कर। इसी सिद्धान्त ने भारतीय राष्ट्र को सदैव कमजोर बनाया है। लेकिन आशामय भविष्य की आशा में इनके अनुचर इस तथ्य के प्रति अन्धे बने रहे हैं, साथ ही भारतीय जनता भी अन्धी बनी रही है, जिसका कारण साम्यवादी कपट नहीं, बल्कि राष्ट्रवादी या लोकसत्तावादी शक्तियों की मूलभूत कमजोरी रही है।

मैं नहीं समझता कि जो कारण मैंने गिनाए हैं इनके अलावा भी देश-विभाजन के अन्य कोई मौलिक कारण रहे हैं। हिन्दू-मुस्लिम प्रश्न को लेकर देश की जिस परिस्थिति का निर्माण हुआ है उससे दो महत्त्व के तथ्य सामने आए हैं। हिन्दू-मुस्लिम रिश्तों के पिछले आठ सौ वर्षों में, हिन्दू और मुसलमान दोनों लगातार पृथक् भाव और समीपता के लुका-छिपी के खेल के शिकार रहे हैं जिससे एक राष्ट्र के प्रति उनकी भावनात्मक एकाग्रता खंडित रही है, साथ ही भारतीय जन का यह स्वभाव भी परिस्थिति के साथ घुलने-मिलने और सहनशीलता तथा समर्पण की कला को इस हद तक सीख गया है कि दुनिया में कहीं भी परतंत्रता को विश्व-भाईचारे या राजनीतिक कपट का इस प्रकार पर्याय नहीं माना गया। मूल रूप से इन्हीं दो तथ्यों द्वारा हिन्दू-मुस्लिम समस्या को प्रेरित किया गया है। इनके बिना, ब्रिटिश कुटिल नीति अथवा कांग्रेस नेतृत्व के उतारवय का कारण इतिहास की दृष्टि से महत्त्वहीन होता और उसका जो कड़वा फल मिला वह कदापि न मिलता।

स्वतंत्र भारत में भी हिन्दू-मुसलमानों में पृथक्-भावना बनी रही है। मुझे शक है कि विभाजन-पूर्व के मुकाबले आज यह पृथक् भाव अधिक है। पृथक्-भावना ने ही विभाजन को जन्म दिया और इसीलिए अपने-आप यह भावना पूरी तरह नहीं मिट सकी। परिणाम में ही कारण भी घुलमिल गया। आजादी के इन वर्षों में मुसलमानों को हिन्दुओं के निकट लाने का न कोई प्रयत्न किया

गया न उनकी आत्मा से पृथकता का बीज समाप्त करने का ही प्रयत्न किया गया। कांग्रेसी सरकार के अक्षम्य अपराधों में विशेष उल्लेखनीय अपराध यही है—पृथक्-भावना वाली आत्माओं को निकट लाने में असफलता—बल्कि इस काम के प्रति बेमन से किया गया असफल प्रयास।

इस अपराध के पीछे भावना रही है—वोट-प्राप्ति की इच्छा और बहुरंगी समाज (कास्मोपॉलिटन) का तत्त्वज्ञान। देश के लगभग सभी राजनीतिक तत्त्व, विशेषकर वे जो धर्मनिरपेक्षता का दम्भ भरते हैं, इसके शिकार रहे। वोट-प्राप्ति का यह धन्धा दीर्घकाल तक चल सकता है। जो भी इस दिशा में सफलता के लालची हैं वे पतन की प्रतियोगिता से बच नहीं सकते। एक समय के बाद सुबुद्धि आ सकती है, लेकिन अभी न तो वह समय आया है न वह सुमार्ग ही स्पष्ट है। वोट-प्राप्ति के लिए, हिन्दू व मुसलमान का अलग-अलग आवाहन किया जाता है। अभी तक धर्मनिरपेक्ष पार्टियों ने भी हिन्दू व मुसलमान का ऐसा आवाहन करने की हिम्मत नहीं दिखाई जो उन्हें कुविचारों व बुरी आदतों से मुक्त कर सके। ऐसे स्वार्थी लालच के लिए बहुरंगी समाज-ज्ञान सहारा बनता है। ऐसे लोगों ने हर समस्या के अलग समाधान व प्रयत्न की कभी आवश्यकता नहीं समझी। उन्होंने समझ रखा है कि औद्योगीकरण और आधुनिक अर्थ-नीति, हिन्दू-मुस्लिम पृथक्-भावना को समाप्त कर देगी, यह मूर्खतापूर्ण विश्वास औद्योगीकरण और वोट-प्राप्ति की लालच का मिला-जुला परिणाम है जिसने विभाजन व आजादी के बारह वर्षों बाद भी केरल में यह स्थिति बनाई है कि तथाकथित राष्ट्रवादी और लोकतांत्रिक पार्टियाँ भी मुस्लिम लीग से गठबन्धन कर बैठीं और समस्त देश में मुस्लिम लीगी तथा पृथकतावादी रोग से मुक्त होकर फिर रोगी होने की दशा बन गई है। देश-विभाजन के बारह वर्ष बाद भी कांग्रेसवाद और प्रजा समाजवाद ने फिर एक दूसरे पृथकतावादी दुष्कर्म को अंगीकार करने की विवशता का अनुभव किया।

जमातों और सामाजिक गुटों के अन्तर्गत राजनीतिक, आर्थिक और सामाजिक कारणों का मूल स्रोत कहीं और से आता है, धार्मिक प्रतीकों व

कल्पनाओं से। निश्चित रूप से ऐसे सामाजिक सुधार सामूहिक भोजों या अन्तर्जातीय विवाहों द्वारा होने चाहिए और आर्थिक सुधार सर्व-रोजगार या राष्ट्रीयकरण या समानता द्वारा तथा राजनीतिक सुधार पिछड़ी जातियों व जमातों के निश्चित प्रतिनिधित्व द्वारा। इन सुधारों के बिना, पृथकतावादी भावना की समस्या का अन्त न होगा, बल्कि यह समस्या किसी-न-किसी रूप में बनी रहेगी। धर्म तथा इतिहास के तथ्यों पर गम्भीरतापूर्वक गौर करना होगा। यही वे तथ्य हैं जो आदमी के दिमाग व मन को सट्टा बनाते हैं।

धर्म के पैगम्बरों और ईश्वरों में पूर्ण समानता तब तक नहीं लाई जा सकती जब तक नास्तिकवाद और धार्मिक आराधना को न तोड़ा जाए। जो भी प्राप्त होगा वह समानता के निकट होगा। विभिन्न धार्मिक ज्ञान के लिए पर्याप्त शिक्षा और मानसिक स्तर को बढ़ाने के बाद ही राम और मोहम्मद को एक जैसी ऊँचाई पर रखना सम्भव होगा। इसके लिए एक-दूसरे के विश्वासों के प्रति आदरभाव और समझदारी पैदा करना होगा। इस जागरण के लिए ऐतिहासिक और धार्मिक ज्ञान आवश्यक तथा सर्वश्रेष्ठ साधन है।

जो शक्ति पृथकता में महत्त्वपूर्ण है वह है इतिहास के प्रति खास दृष्टि। गुट और जमात का निर्माण मूल रूप से इस कारण होता है कि वे घटनाओं के प्रति क्या दृष्टिकोण रखते हैं। भारत के हिन्दू व मुसलमान एक ही इतिहास के प्रति भिन्न-भिन्न दृष्टिकोण रखते हैं। ऐसे हिन्दू विरले ही हैं जो एक मुसलमान शासक या इतिहास-पुरुष को अपने पुरखे के रूप में स्वीकार करें। उसी तरह ऐसा मुसलमान भी विरला होगा जो किसी हिन्दू इतिहास-पुरुष को अपना पुरखा माने, इतिहास के ऐसे शोधकर्ताओं की भी कमी नहीं है जिन्होंने सभी मुस्लिम शासकों और आक्रमणकारियों की सूची एक साथ इतिहास के एक पन्ने पर लिख दी है। शायद आज या जब भारत का बँटवारा हुआ था तब, हिन्दू-मुस्लिम जैसी कोई समस्या न होती यदि हिन्दू और मुसलमान एक साथ इतिहास की एक जैसी व्याख्या करने में समर्थ होते और शान्ति से रहना सीखे होते। ब्रिटिश राज्य ने ऐसा कुछ नहीं किया जो पहले से न रहा हो। एक ही

इतिहास के प्रति हिन्दू और मुसलमान-दृष्टिकोण भिन्न रहे हैं, अतीत में भी, आज भी और उनके स्वरूप तथा चरित्र में पृथकता का यही मुख्य कारण रहा है।

भारत के मुसलमान अपनी उत्पत्ति गजनवी और गोरी जैसे लुटेरों से समझते हैं। ऐसी गलत समझ के भीतर एक झूठी आत्मतुष्टि का तत्त्व होता है, वही इतिहास के तत्त्व-ज्ञान द्वारा और भी पुष्टि पा जाता है जब हर आक्रमण को प्रगति का बढ़ा हुआ कदम समझा जाता है। निश्चित रूप से समाज में ठहराव या घोर पतन रहा होगा जब कोई आक्रमण हुआ होगा। उसी तरह निश्चय ही हर नई शक्ति में चाहे वह किसी आक्रमणकारी द्वारा लाई गई हो, बुराई के साथ मिली कोई अच्छाई भी रही होगी। किसी भी आक्रमण के नतीजे की जाँच, कमजोरी पर शक्ति की विजय के साथ अच्छाई व बुराई के बीच पैदा हुई हलचल और नयेपन से की जानी चाहिए। कोई भी राष्ट्र जो इस दृष्टि के भिन्न किसी अन्य दृष्टि से इतिहास का अध्ययन करता है वह सतत आक्रमणों का शिकार होता है और इस रूप में भारत विश्व में सबसे ऊपर है।

मुसलमानों ने, चूँकि गजनवी और गोरी को अपना पूर्वज माना है वे स्वयं अपनी आजादी और अपने राज्य की रक्षा करने में असमर्थ रहे हैं। भारत का मध्यकालीन इतिहास जितना हिन्दू और मुसलमान के युद्ध का इतिहास रहा है, उतना ही वह मुसलमान और मुसलमान के युद्ध का भी है। आक्रमणकारी मुसलमान, देशी मुसलमान से लड़ा और उन पर विजयी हुआ। पाँच बार देशी मुसलमान अपनी आजादी की रक्षा करने में असमर्थ रहे। वे लोग नादिरशाह और तैमूर जैसों द्वारा कत्लेआम के शिकार हुए हैं। मुगल तैमूर ने देशी पठानों को कत्ल किया और ईरानी नादिरशाह ने देशी मुगलों को कत्ल किया। ऐसी कौम जो आक्रमणकारियों और कत्ल करने वालों को अपना पूर्वज माने वह स्वतंत्रता की अधिकारी नहीं और उसका आत्म-गौरव झूठा है, क्योंकि उनकी धारावाहिक एकरूपता नहीं रही, न उन्होंने उसे बनाकर रखा ही। आक्रमणकारी जो समय के फैलाव के साथ देशवासी बन जाते हैं, वे राष्ट्र का एक अंग बन जाते हैं और इस सत्य को मान्यता मिलनी चाहिए। एक की माँ के प्रति गए

बलात्कार को न मानना एक चीज है और उसके परिणाम को स्वीकार करने से इनकार करना दूसरी चीज, मुसलमानों ने बलात्कार और उसके नतीजे, दोनों को मानने की भूल की है और हिन्दुओं ने किसी को भी न मानने की भूल की है। हिन्दू अपनी माँ की रक्षा करने में असमर्थ रहा और उसने अपनी दुर्बलता पर आए अपने क्रोध को अपने सौतेले भाई पर लादने का आसान रास्ता खोज निकाला। फिर कालान्तर में वही सौतेला भाई देशवासी बन जाता है और भविष्य में इसी रोग का शिकार बनता है। मानसिक रूप से वह इतना अधम हो जाता है कि अपनी दुर्बलता को पराक्रम समझने की गलती कर बैठता है।

इतिहास के अध्ययन का एक और ढंग है, जो वस्तुस्थिति को अधिक स्पष्ट करता है। वह रजिया, शेरशाह, जायसी और रहीम के साथ विक्रमादित्य, अशोक, हेमू और प्रताप को मुसलमान व हिन्दू का समान रूप से पूर्वज बताता है। इसी तरह हिन्दू और मुसलमान समान रूप से गजनवी, गौरी और बाबर को लुटेरे और अत्याचारी आक्रमणकारी के रूप में पहचानेंगे और पृथ्वीराज, सांगा और भाऊ को भारत की भूल व दुर्बलता के प्रतीक रूप में देखेंगे। मैंने जान-बूझकर ऐसे लोगों के नाम चुने हैं जो व्यक्तिगत रूप से बहादुर थे पर सामूहिक रूप से निर्बुद्धि, जिनके कारण देश में हार और समर्पण की लम्बी परम्परा कायम हुई। व्यक्तिगत रूप में कायर लोग देश की आजादी के लिए इतने खतरनाक नहीं होते जितने ऐसे बहादुर योद्धा जिन्हें सामाजिक वस्तुस्थिति और शक्ति का ज्ञान नहीं होता। ऐसे बहादुर और मूर्ख योद्धाओं में मैं शाह आलम जैसे लोगों के नाम लूँगा और लुटेरों तथा अत्याचारियों में अमीरचन्द जैसों को। इतिहास के वास्तविक अध्ययन से सांगा एक बहुत छोटे और मन्दबुद्धि दरबारियों के नायक के रूप में दिखेगा जिनके कमजोर हाथों में देश की स्वतंत्रता की रक्षा का भार था और प्रताप ने बुझते अंगारों से आजादी की मशाल जलाने का प्रयत्न किया था। मानसिंह और अकबर ऐसे क्षेत्र के थे जहाँ आजादी और गुलामी का मिलन होता है, जहाँ एक आक्रामक देशवासी बनने का प्रयत्न करता है और जिसकी धूर्तता को महानता कहा जाता है।

अकबर और जहाँगीर के अलावा लगभग सभी मुगलों के समय पृथकतावाद पनपा जब कि पठान हिन्दुओं के अधिक निकट आए। हिन्दी काव्य-क्षेत्र में जायसी और रहीम किसी भी हिन्दू से अधिक चमकदार नक्षत्र थे। वास्तव में रहिमन ऐसा नाम है जो इस्लाम के भारतीयकरण का प्रतीक है। यह रूसी मुसलमानों जैसा नाम है जिनका नाम 'ओव' या 'इन' जोड़कर परम्परागत रूप में बदला गया अथवा इंडोनेशियन मुसलमान जिनका हिन्दू नाम धर्म-परिवर्तन के बाद भी बना ही रहा। मैं नहीं कह सकता कि अपने व्यक्तिगत परिवेश में जोधाबाई कहाँ तक राष्ट्रीय समीपता की प्रतीक बन सकी। मुझे 1857 के लगभग हुई एक कवयित्री ताजू का नाम सुनाई पड़ा है जो जन्म से मुसलमान और पेशे से रंगरेज थी, जिसकी कृष्णभक्ति की कविताएँ मीरा के भक्ति-गीतों के जोड़ की थीं। इससे लगता है कि यह जैसे इतिहास का नियम हो कि समीपता के काम छोटी जाति व अर्द्धशिक्षित लोगों ने ही किये और पृथकता का काम शासकों तथा अधिक शिक्षित उच्च जाति के लोगों ने।

अकसर मैंने हिन्दू चोटी और मुस्लिम दाढ़ी हटाने तथा धार्मिक प्रतीक वाले कपड़ों, नाम और रहन-सहन से दूर हटने की बात कही है, क्योंकि इसे मैं समीपता लाने का प्रथम प्रयास मानता रहा हूँ। प्रथम प्रयास के रूप में भी यह काम लगभग असम्भव है, जब तक मानसिक बदलाव का भी प्रयत्न न किया जाए। किसी व्यक्ति का बाहरी स्वरूप उसके आन्तरिक चरित्र की प्रतिछवि है। विचार, आदत और आत्मगौरव के आधार का प्रतिबिम्ब उसका बाह्य रूप ही है। यदि इतिहास को अधिक ईमानदारी और समझदारी से पढ़ा गया होता या धार्मिक पैगम्बरों को अच्छी तरह समझा गया होता तो इसके चमत्कारी परिणाम होते और हिन्दू और मुसलमान अपने बाह्य रूपों में इतने एक होते कि अलग-अलग पहचाने तक न जाते, साथ ही उनके दिमाग भी बहुत मिले होते।

दिमाग की बनावट से ही शान्ति और एकता तथा इतिहास और धर्म के प्रति सही समझदारी, साथ ही झगड़े भी जन्म लेते हैं। ऐसी शान्ति तथा एकता की

दिमागी बनावट में मस्जिद के सामने बाजे और गोहत्या जैसे प्रश्न अपने-आप सुलझ जाते।

एक बार बँटवारे के ठीक बाद दिल्ली के गोल बाजार में अपने भाषण में मैंने कहा था, जिसे मि. जिन्ना ने कई बार क्रोध में उद्धृत किया था। मेरी भविष्यवाणी थी कि जल्दी ही भारत व पाकिस्तान मिलाकर हिन्दुस्तान बनेगा। फिर मैंने कभी ऐसी नासमझ भविष्यवाणी नहीं की। मेरी इस इच्छा को बुद्धि ने दबा दिया। उस समय कोई भी गांधी जी की मौत की कल्पना नहीं कर सकता था और मेरी पूरी योजना उनके बराबर बने रहने पर आश्रित थी। मैंने आशा की थी कि राष्ट्रीय शासन में भारत तरक्की करेगा, लेकिन मेरी आशा आजादी के बाद कुछ महीने भी टिकी न रह सकी और गांधी जी की मौत के साथ समाप्त हो गई। कुछ महीने भी मेरी नासमझी इस आशा से कैसे जुड़ी रही यह मैं नहीं समझ पाता, सिवा इसके कि गांधी जी की सतत उपस्थिति ही उसका एक मुख्य आधार थी। मैं भी लाखों अन्य लोगों की तरह नासमझी से उस व्यक्ति से चमत्कार की आशा करता था। सत्य के अवलम्बन की खोज और कठिन श्रम के अलावा चमत्कार और कहाँ है? एक और गलत आशा जो मुझमें पल रही थी वह यह थी कि भारत के हिन्दू व मुसलमानों में समीपता बढ़ेगी जो सम्भवत: पाकिस्तान के दिमाग पर असर करेगी, एकता के पक्ष में।

मैंने अवश्य ही समय-सीमा की नासमझी की थी, लेकिन क्या ऐसा ही मेरी भविष्यवाणी की सदिच्छा व योग्यता के बारे में भी कहा जाएगा! भारत और पाकिस्तान के बीच की सीमा रेखा बनाने वाले कुछ प्राकृतिक नदी-नाले हैं, न कि कोई समुद्र जो दो देशों को अलग करे। कोशिशें हो रही हैं कि एक भाषा को दो में बाँटा जाए, कि पाकिस्तान में पूरी तरह अरबी व फारसी हो जाए और भारत में संस्कृत। आशा की जानी चाहिए कि ऐसे प्रयत्न सफल न होंगे। नासमझदारी और प्राणहीनता ऐसे प्रयत्नों में व्यापेगी और एक नक़ली गढ़ी हुई भाषा जो जबरदस्ती दी जाएगी वह जल्दी ही ठुकरा भी दी जाएगी।

निश्चय ही मैं समझता हूँ, आशा करता हूँ दुनिया लम्बे अरसे तक, अनिश्चित काल तक दुराचारी नहीं बनी रहेगी। अटलांटिक-सोवियत वैमनस्य कम-से-कम इस बिन्दु पर तो समाप्त होगा ही कि भारत व पाकिस्तान को एक दूसरे के विरुद्ध उकसाया न जाए। भारत के भीतर हिन्दू व मुसलमान के बीच शारीरिक व सांस्कृतिक एकता होगी और इसके सद्परिणामस्वरूप अथवा साथ-ही-साथ पाकिस्तान और भारत मिलकर हिन्दुस्तान बनेगा, यही कामना है और प्रार्थना है और सम्भावना भी।

—राममनोहर लोहिया

भारत विभाजन के गुनहगार

एक

मौलाना आजाद की किताब,[1] थोड़ा-थोड़ा करके ही सही, पर मैंने पूरी पढ़ी है। उसके परीक्षण के समय, अभी वह मेरे पास नहीं है, जिससे बड़े पैमाने पर लाभ ही हो सकता है, लेकिन विस्तृत ब्योरे के मामले में असुविधाजनक भी।

एक खूब स्थायी प्रभाव जो पुस्तक ने मुझ पर छोड़ा है, वह है समुदायों और राष्ट्रों के आचरण के सम्बन्ध में। समुदाय और राष्ट्र अकसर अपने ही वास्तविक और व्यापक हितों को समझ पाने में असमर्थ रहते हैं और सहज रूप में वे सन्देहशील तथा अल्प फलदायक नतीजों के पीछे बह जाते हैं। मौलाना आजाद ने कहीं भी स्पष्ट रूप से इसकी चर्चा नहीं की है। जब वे बोलकर यह किताब लिखवा रहे थे, तब वे इसके प्रति सतर्क न रहे होंगे। लेकिन इस बात में कोई शंका नहीं कि मौलाना आजाद एक बढ़िया मुसलमान थे और मिस्टर जिन्ना इतने बढ़िया मुसलमान न थे फिर भी भारत के मुसलमानों ने ऐसे व्यक्ति को अगुवाई के लिए चुना जो उनके हितों को

1. इंडिया विन्स फ्रीडम।

अच्छी तरह साध न सका। गोया कि उस समय, एक और मुसलमान था जो इन दोनों से महान था, लेकिन वह जन्म व विश्वास से मुसलमान था, न कि राजनीति में। मौलाना आजाद ने उसकी चर्चा लगभग नीचतापूर्वक की है और यह कोई आश्चर्य की बात नहीं।

मौलाना आजाद को मिस्टर जिन्ना से बढ़िया मुसलमान कहने में, मेरा तात्पर्य उनकी धार्मिकता से तनिक भी नहीं है, न इससे कि इस्लाम के सिद्धान्तों को किस सीमा तक उन्होंने समझा है या अपने जीवन में—आचरण में उनको उतारा है। मेरा सम्बन्ध केवल इसी हद तक है जहाँ तक उन्होंने भारत के मुसलमानों का हित-साधन किया है। दोनों ने बाहर से बहुत मुखर होकर, खुलकर और शायद आन्तरिक लालसा से भी समस्त भारतीय जन के हितों से अलग हटकर मुस्लिम हितों को समझने का प्रयत्न किया। मौलाना मुस्लिम हितों के मिस्टर जिन्ना से अधिक अच्छे सेवक थे, लेकिन मुसलमानों ने उनकी सेवा को ठुकरा दिया।

यह बात मुझे तब कौंधी जब मैंने अन्तिम से पहले वाले ब्रिटिश प्रस्ताव पर मौलाना आजाद के वक्तव्य को दूसरी बार पढ़ा और जो पुस्तक में अन्यत्र उद्धृत है। तब ब्रिटेन ने एक विधान प्रस्तावित किया था जिसमें प्रान्तों को अधिकतम स्वायत्त शासन स्वीकृत था। असल में, तब भारत की केन्द्रीय सरकार के पास केवल प्रतिरक्षा, विदेश नीति और यातायात तथा ऐसे ही अधिकार जो प्रान्त उसे सौंपना पसन्द करते, के अलावा और कुछ न रहता। फिर प्रान्तों को विभिन्न श्रेणियों में पुनर्गठित किया जाता जैसे उत्तर-पूर्वी या उत्तर-पश्चिमी। श्री आजाद स्वयं भी ब्रिटिश वाइसराय के साथ इस प्रस्ताव का जनक होने का दावा करते हैं। अन्ततोगत्वा प्रस्ताव ठुकरा दिया गया था।

इस पर श्री आजाद का वक्तव्य विचार और अभिव्यक्ति दोनों की स्पष्टता का आदर्श नमूना है। वह दृढ़तापूर्वक कहते हैं कि भारत में विभाजन की योजना मुस्लिम हितों के लिए हानिकारक होगी। जिन प्रान्तों में मुसलमानों का बहुमत है वहाँ उन्हें इससे कुछ ठोस न मिल सकेगा, मुकाबले उसके जो अधिकतम

प्रान्तीय स्वायत्त शासन के विधान के अन्तर्गत उन्हें मिल सकेगा। इससे भारत के बड़े भाग के मुसलमानों से बहुत कुछ छिन जाएगा और वहाँ वे प्रभावपूर्ण आवाज के बिना ही रह जाएँगे। बाद की घटनाओं ने उनकी बात को सत्य साबित किया है। भारत के विभाजन ने यदि अधिक नहीं तो मुसलमानों का उतना ही अहित किया है जितना हिन्दुओं का। यद्यपि मौलाना आजाद का वक्तव्य कुछ अधिक तर्कपूर्ण, कुछ अधिक स्पष्ट है, जो सम्भवत: ऐसे आदमियों की पहचान है जो दूसरे रूपों में तो प्रतिभा-सम्पन्न होते हैं पर इतने बड़े नहीं होते कि घटनाओं को मोड़ दे सकें।

अधिकतम प्रान्तीय स्वायत्त शासन का यह प्रस्ताव निश्चित रूप से मुसलमानों के हितों की रक्षा आश्चर्यजनक सीमा तक करता। सम्भवत: इससे उनके अहंकार या महानता की लालसा को भी सन्तोष न मिलता, जो दो ऐसे आवेग हैं जिनमें परस्पर एक दूसरे से भेद कर पाना कठिन है। इसके परिणामस्वरूप हिन्दुओं और मुसलमानों के बीच काफी संघर्ष भी हो सकता था और दोनों में किसी एक की स्थिति नैराश्य की भी हो सकती थी, यद्यपि आवश्यक नहीं कि वह इतनी अधिक होती कि जिस पर विजय पाना असम्भव होता। अपने वक्तव्य में, श्री आजाद न तो मनुष्य की निर्बलता के प्रति सतर्क हैं और न स्थिति की वास्तविकता के ही! वे विलक्षण रूप से मुस्लिम हित की सुरक्षा की अपनी कामना के प्रति विवेकशील हैं। भारत के मुसलमान अपने इस विवेकशील नेता का अनुसरण करके अपने हितों के लिए अच्छा करते, किन्तु न कर सके, यही तो मानव का अभिशाप है।

मनुष्य सदा ही सारहीन महानता के पीछे दौड़ता है जो उसे छलती है। वह लगातार स्वयं निर्मित झूठे भय से व्याकुल रहता है। काल्पनिक भय और सारहीन महानता की चक्की के इन दो पाटों के बीच वह पिसकर दुर्घटना का शिकार होता है जो प्राय: शानदार भी नहीं होती। भारत का विभाजन एक घृणित दुर्घटना थी, यद्यपि परिणाम भयानक था और अनेक महान दुर्घटनाओं की अपेक्षा अधिक ही प्राणियों को इसमें नष्ट होना पड़ा।

यदि भारत का मुस्लिम समुदाय अपने स्वार्थ-हित को समझने में असमर्थ था तो हिन्दू समुदाय या समस्त भारतीय जन की बात ही क्या? इसमें कोई शक नहीं कि हिन्दुओं में भी विवेक की उतनी ही कमी थी और इसीलिए समस्त जनता में भी। बहुत बड़ी तादाद में लोगों में यह तो आज भी कम है। यह एक साधारण भ्रान्ति फैली है कि यदि एक योजना द्वारा मुस्लिम हितों की रक्षा हो जाती है तो स्वाभाविक रूप से वह हिन्दुओं और दूसरे हितों को आघात पहुँचाएगी। जनता के बीच बने विभिन्न समुदाय बहुधा इस भ्रान्ति के शिकार होते हैं। वे सिद्धान्त रूप में मानते हैं कि एक समुदाय के हित दूसरों के विपरीत होते हैं। अवश्य ही, यह कुछ स्थलों पर सत्य भी हो सकता है? पर दूसरों के लिए आंशिक सत्य और पूर्णत: असत्य। देश के विभाजन के पूर्व वास्तव में हिन्दू या मुस्लिम हित क्या था, और आज तक क्या है?

घनिष्ठ जाँच के लिए कि हिन्दू या मुसलमान हित जैसा तब था या जैसा आज है, संसदीय, सरकारी या व्यापारी हितों के क्षेत्र से और साधारण आर्थिक एवं सामूहिकता के कुछ उदाहरण कोई भी चुन सकता है। नि:सन्देह किसी एक गणतंत्र राज्य के दो राष्ट्रपति नहीं हो सकते, न एक चुनाव क्षेत्र के दो संसद सदस्य। इस झगड़े के हल के लिए रास्ता खोजने के निश्चय ही दुनिया के कुछ राष्ट्रों में प्रयत्न गए हैं। उनका संविधान जिम्मा लेता है, जैसे राष्ट्रपति का पद एक समुदाय का और प्रधानमंत्री का पद दूसरे समुदाय का, लेकिन ऐसा हल एक या दूसरे समुदाय को असन्तुष्ट रखेगा और एक से दूसरे के अधिकार प्रभावकारी होने से एक या दूसरे के मन में जलन भी पैदा हो सकती है। कोई भी निर्भीकता से कह सकता है कि श्री आजाद के सुझाव से, कम-से-कम शुरू की स्थिति में हिन्दुओं के इस सीमित और संसदीय हित को नुकसान पहुँच सकता था।

सरकारी नौकरी के क्षेत्र में या दूसरे सीमित हितों के सम्बन्ध में भी स्थिति कुछ ऐसी ही होती और गोया कि देश में सरकारी नौकरियों की संख्या सीमित है, जो बहुत ही कम है, खासकर उच्च स्थिति वाले ही सरकारी नौकरी पाते

हैं, भारत की राजकीय सेवा में मुसलमानों को अपनी संख्या के अनुपात से अधिक नौकरियाँ मिलतीं। इससे सरकारी नौकरियों को प्राप्त करने की दिशा में हिन्दुओं के सीमित हितों को क्षति पहुँचती।

उद्योग और व्यापार के सम्बन्ध में यह स्थिति बिलकुल उलटी होती। मालिक और कर्मचारी, दोनों में, हिन्दुओं का पूर्ण-आधिपत्य बना रहता। उद्योग और व्यापार में मुसलमानों के भाग लेने में बढ़ोतरी का प्रयत्न निश्चय ही किया जाता और इसके फलस्वरूप अधिक संघर्ष और निराशा बढ़ती। कुल मिलाकर और तुलनात्मक दृष्टि से अखंड भारत में उद्योग तथा व्यापार क्षेत्र में मुसलमानों के सीमित हितों को क्षति पहुँचती।

ज्यों ही हम हितों के इन सीमित क्षेत्रों को छोड़कर सर्वसाधारण हितों के असीमित क्षेत्रों पर दृष्टिपात करते हैं, जैसे दाम, शिल्पकारों या किसानों के सम्बन्ध में नीतियाँ, तो स्थिति बिलकुल दूसरी हो जाती है। किसी भी देश में, आवश्यक चीजों की कीमत सभी समुदायों के लिए एक जैसी रहती है। हाँ, नेताओं के छोटे समुदायों और उच्च सरकारी अफसरों को छोड़कर, जिन्हें नियंत्रित अर्थव्यवस्था के नाम पर कम कीमतों की सहूलियत है। आबादी के बहुत बड़े भाग पर दाम-नीति का प्रभाव एक जैसा रहता है। यह लगभग निश्चित है कि अखंड भारत में ऐसी दाम-नीति होती जो उपभोक्ता के लिए अधिक अनुकूल होती। समस्त जनता व साधारण समस्त उपभोक्ता, दोनों ही एक दूसरे के पर्याय हैं। जनता को उससे अधिक आघात और किसी चीज से नहीं लगता जितना कि तब लगता है जब सामान्य उपभोक्ता अनाथ हो जाए कि बँटवारे के बाद भारत में है और ऐसा लगता है कि पाकिस्तान में भी वहाँ के पलटनी अधिनायकतंत्र के बाद यही स्थिति है। हिन्दू और मुसलमान दोनों ही उपभोक्ता मूल्य से भयानक रूप से क्षतिग्रस्त हुए हैं। अखंड भारत में उनके हितों की सामूहिक और अच्छी सुरक्षा होती।

इसी ढंग से, कुटीर-कौशल, शिल्पकारी और किसानी से सम्बद्ध नीतियों से हिन्दू और मुसलमान समान रूप से लाभ या हानि उठाते। शिक्षा-सम्बन्धी

द्वेषरहित नीति से इसी तरह हिन्दू और मुसलमान को समान रूप से शिक्षा मिलती और उनकी आत्मोन्नति होती। इस प्रकार यह पूर्ण रूप से स्पष्ट है कि विभाजन के पूर्व हिन्दू व मुस्लिम हित एक जैसे थे और अब भी ऐसा ही है, जनसंख्या के अपार जनसमूह और सर्वमान्य अर्थव्यवस्था और सामूहिकता के असीमित क्षेत्रों के सम्बन्ध में, जबकि संसदीय या प्रशासकीय सीमित क्षेत्रों में वे एक-दूसरे के विपरीत थे। विशेषकर संसदीय और प्रशासकीय सीमित क्षेत्र इतने धुँधले होकर फैल गए हैं कि लोगों की दृष्टि अन्धी हो गई है या कम-से-कम सुरक्षा से दूर होकर भटक गई है।

भारत का विभाजन इसी अन्धेपन या भटकाव वाली दृष्टि का ही परिणाम है। मौलाना आजाद की किताब में कम-से-कम हर पृष्ठ पर एक झूठ है और इतिहास की व्याख्या के मामले में भी यह पूरी तरह अविश्वसनीय है, लेकिन भारत के विभाजन के प्रश्न को सार्वजनिक बहस के लिए फिर से उठाकर इस पुस्तक ने एक विशिष्ट सेवा की है। क्या विभाजन के साथ कोई गुनाह जुड़ा था और यदि था, तो गुनहगार कौन लोग थे? क्या पहले के गुनाह के लिए पश्चात्ताप कर लेने से मुक्ति मिल जाएगी या आने वाले युग में लाभ होगा? यदि पहले विभाजन अनिवार्य न था, तो क्या इसका भविष्य में भी स्थायी रहना जरूरी है? हर स्थिति में, क्या सीमा के दोनों ओर के नर-नारी अतीत का फिर से पुनर्परीक्षण करके जीवन के अच्छे स्तर के लिए उठ खड़े होंगे?

विभाजन तक ले जाने वाली घटनाओं की विवेचना करने के लिए श्री आजाद ने बच्चों की कहानियों का तरीका अपनाया है, लगता है कि सभी घटनाएँ एक आकस्मिकता के साथ घटती हैं और घटना के पीछे कुछ असाधारण प्रवृत्ति है। भारत के विभाजन को ऐसा बताया गया है कि लगता है यह लॉर्ड माउंटबेटन के दिमाग से उपजा फल हो। वे सरदार पटेल को उस फल को चखने को प्रेरित करते हैं। यह उनकी पहली सफलता है। सरदार पटेल और अपनी पत्नी के सामूहिक सहयोग से लॉर्ड माउंटबेटन श्री नेहरू को विभाजन-योजना स्वीकार करने को प्रेरित करने की दूसरी सफलता पाते हैं।

उनको तीसरी और पूर्ण सफलता तब मिलती है जब महात्मा गांधी भी अन्ततः मना लिये जाते हैं। मौलाना ने उस गुप्त या मोहिनी विद्या को प्रकट करने की चिन्ता नहीं की जिससे गांधी जी का मत परिवर्तन हुआ। वे ही एकमात्र अकेले व्यक्ति थे जो अन्त तक विभाजन के विरोध में डटे रहे। यह सारा किस्सा एक अरोचक झूठ है।

शुरू के एक अड़ंगे को ही हटा देना चाहिए। एक कहानी को इस देश में प्रचारित होने दिया गया है कि लेडी माउंटबेटन ने श्री नेहरू पर कुछ दुष्ट प्रभाव का प्रयोग किया। इतिहास की गप्प-गोष्ठियाँ वास्तव में इस झूठ को सत्य बना सकती हैं। मौलाना आजाद पहले व्यक्ति हैं जिन्होंने अनेक वर्षों की इस सामयिक गप्प को इतिहास बनाने की कोशिश की। यद्यपि ऐसी बातें श्री नेहरू के तात्कालिक लाभ की हो सकती हैं, क्योंकि वे उन्हें सीधे गुनाह से मुक्त करती हैं और उन्हें आकर्षण और माया के शिकार जैसा रूप देती हैं, लेकिन आगे चलकर उनकी प्रतिष्ठा को चोट पहुँचाती हैं और राजनीतिक प्रक्रिया की गहरी धाराओं को अछूता छोड़ देती हैं।

कहीं इतिहास भी लेडी माउंटबेटन को वह महत्त्व न दे दे जो उन्हें अब तक सामयिक गप्पें देती रही हैं, इसलिए यह बुद्धिमानी होगी कि यह याद कर लिया जाए कि लगभग ऐसी ही भूमिका मदाम चियाँग काई शेक पर थोपी गई थी। चीन की मदाम ने वास्तव में उस समय के ब्रिटिश वाइसराय लॉर्ड लिनलिथगो को उत्तेजित किया था और थोड़ा दुखी भी किया था क्योंकि उनकी परवाह न करके उसने अपने बाल-मित्र की बरौनियों को बहुत अधिक पसन्द किया था। इसके पहले भी ऐसे मौके आए थे, जब श्री नेहरू ने अधिक सामान्य और अधिक क्रान्तिकारिणी औरतों से मित्रता की थी, जैसे हिन्दुस्तान और ब्रिटेन की एलेन विलकिंसन्स। मैं पूरे निश्चित तौर पर कह सकता हूँ कि यदि श्रीमती क्रुश्चेव हों और यदि वह मनहर और संलाप-प्रिय हों तो श्री नेहरू उनके पीछे उसी तरह दौड़ते फिरेंगे जैसे वे इन दूसरी औरतों के पीछे दौड़ते फिरे हैं। इसमें किसी प्रकार की गलतफहमी न हो। वे ऐसा तभी

करेंगे जब भारत राष्ट्र के मामले की जरूरत हो, स्पष्ट है, उनके अपने हिसाब से। इसलिए, ऐसी मित्रताओं पर कोई राजनीतिक अर्थ थोपना अनुचित होगा।

श्री नेहरू ने अपने राजनीतिक मतलबों के लिए लेडी माउंटबेटन का इस्तेमाल किया था। इस स्थिति के अनुमान को दूसरे पक्ष से जोड़ना भी उचित होगा। लेडी माउंटबेटन और उनके लॉर्ड ने भी उसी तरह अपने राजनीतिक मतलबों के लिए श्री नेहरू का इस्तेमाल किया। पारस्परिक लाभ के ऐसे रिश्तों में स्वाभाविक रूप से एक हद तक कोमलता पनप ही आती है। कोमलता के अलावा उससे बढ़कर भी और कभी कुछ रहा है या नहीं, यह सुदूर भविष्य के अन्वेषकों के लिए ही एक उपयुक्त विषय है, जिन्हें विषय की कमी रहती है और जो इतिहास की लघु-घटनाओं और कल्पित-कथाओं को अनुसन्धान के लिए चुनते हैं। भारत के लोग अच्छा करेंगे यदि वे परिपक्वता प्राप्त करें और ऐसी सामयिक गप्पों में अपना समय नष्ट न करें, न अपनी रुचि ही बिगाड़ें। दरअसल मेरा इरादा श्री नेहरू में जिन्दादिली के अभाव की चर्चा करना है। लगता है कि वे राजनीतिक महत्त्व के आगे अपनी मित्रताओं की प्रतिष्ठा नहीं करते।

मैं यह अच्छी तरह समझ सकता हूँ कि राजकीय घटनाओं ने उन्हें मदाम चियाँग काई शेक से दूर कर दिया होता, लेकिन अमेरिका में जब वह किसी अस्पताल में बीमार पड़ी थीं, तब उनके साथ उस समय अमेरिका में रहे श्री नेहरू का व्यवहार बड़ा क्रूर था। उन्हें उनसे मिलना चाहिए था। यदि वे अपने रिश्तों में कोमल हैं, तो कोमलता तभी तक रहती है जब तक राजनीतिक महत्त्व हो। प्रसंगवश, मौलाना आजाद की किताब विवरण की सैकड़ों भूलों से भरी पड़ी है। जहाँ तक मुझे स्मरण है, जब चियाँग-दम्पती आगरा में ताजमहल देखने गए हुए थे तब भारत के वर्तमान प्रधानमंत्री कुतुब के चमन में अपने सिर के बल खड़े होकर चीन के विदेश मंत्री और उनके दल का मनोरंजन कर रहे थे।

मौलाना आजाद ने लॉर्ड माउंटबेटन की भूमिका को नीति-निर्माता की भूमिका कहकर निश्चित रूप से गलती की है। वास्तव में लॉर्ड माउंटबेटन अपने महाप्रभुओं

द्वारा निर्धारित नीतियों को व्यवहार में लाने का काम कुशलतापूर्वक करने वाले थे। मौलाना तो यह नितान्त बचकानी और ओछी बात करते हैं कि लॉर्ड माउंटबेटन ने अपनी खोपड़ी से विभाजन की योजना को निकाला और उनके पूर्वाधिकारी लॉर्ड वैवेल ने अधिकतम प्रान्तीय स्वायत्त शासन की जो योजना पहले बनाई थी उससे वे मुसीबत में पड़ गए थे। इतिहास को ऐसे देखकर, जो भूमिका प्रधानमंत्री और बादशाहों की नहीं होती, उसे वाइसरायों पर आरोपित किया गया है।

सामयिक घटनाओं पर लिखने वाले दूसरे अनेक भारतीय लेखकों की तरह मौलाना आजाद ने भी हर कोने में एक नेपोलियन देखने की गलती की है। वे यह भ्रम पैदा करते हैं कि उन्होंने अपने को तथा लॉर्ड वैवेल को असफल नेपोलियन माना है और लॉर्ड माउंटबेटन को सफल काल का नेपोलियन माना है। संस्मरण और आत्मकथा लिखने में यह खतरा बराबर रहता ही है। छोटे उद्देश्य से प्रेरित छोटे अभिनेता अपने-आप को महान व प्रमुख भूमिकाओं में प्रस्तुत करने लगते हैं। निश्चय ही लॉर्ड माउंटबेटन की भूमिका बड़ी थी, यद्यपि महान नहीं। जहाँ तक अपनी सरकार द्वारा दी गई नीतियों का सम्पादन करने की बात है, उन्हें उन्होंने बखूबी सम्पादित किया।

किसी भी परिस्थिति में सरकारें और फौजें एक ही नीति पर नहीं चलतीं। उनके पास किसी भी स्थिति का सामना करने को सदा ही वैकल्पित नीतियों से भरा तरकश होता है। किसी राजनीतिक समस्या को हल करने के लिए कभी-कभी एक दर्जन तक वैकल्पिक राजनीतिक योजनाएँ हो सकती हैं या एक दर्जन वैकल्पिक फौजी योजनाएँ भी हो सकती हैं, जिनमें से किसी एक को चुनकर वास्तविक हमले के लिए इस्तेमाल किया जाता है। किसी विदेशी मंत्रालय, फौज या सरकार के तरकश में कई-कई तीर रहते हैं। भारत के विभाजन का तीर बहुत लम्बे अर्से से ब्रिटेन के इंडिया ऑफिस में अवश्य ही तैयार रहा होगा। जहाँ तक मेरी समझ है, ब्रिटिश सरकार के कारनामों की तथा अन्य अनुभवी सरकारों के कारनामों की, मेरी निश्चित धारणा है कि 1940

के आसपास जब श्री जिन्ना ने उसके बारे में बोलना शुरू किया था; उसके कहीं पहले से वह तैयार था।

निश्चय ही ऐसी योजनाओं में दीर्घकालीन मूल्य नहीं होता। सरकार की निश्चित अलमारियों में उन्हें रखा जाता है और, यद्यपि उनका तत्काल इस्तेमाल न हो या कभी भी न हो, फिर भी बड़ी लगन से और हर बारीकी में जाकर उनका निर्माण किया जाता है। मुझे शक है कि विभाजन की योजना 1946 के प्रारम्भ में ही तय की जाने लगी थी, जब लॉर्ड वैवेल अधिकतम प्रान्तीय स्वायत्त शासन की योजना कार्यान्वित करने का प्रयत्न कर रहे थे। 1942, आजाद हिन्द फौज, नौसेना का विद्रोह, जनता द्वारा सड़कों पर प्रदर्शन और शायद महात्मा गांधी की स्थायी उपस्थिति से ब्रिटेन को विश्वास हो गया था कि उन्हें अब जाना ही पड़ेगा।

अंग्रेजों के लिए यह स्वाभाविक ही था कि भारत छोड़ने के बाद भी भारत से उन्हें अधिक-से-अधिक लाभ मिल सके ऐसी योजना वे बनाएँ और उसे कार्यान्वित करें। इससे उन्हें मतलब न था कि उनकी ऐसी योजना से भारत को कितना नुकसान होगा। विभाजन योजना ने हिन्दुस्तान को जितनी क्षति पहुँचाई उतनी दूसरी कम ही चीजों ने पहुँचाई होगी। हिन्दुस्तान की धरती पर ब्रिटिश साम्राज्यशाही का यह आखिरी और बहुत शर्मनाक कार्य था। समय बीतने के साथ-साथ विभाजन के असाध्य कलंक के सामने स्वेच्छा से दी गई स्वतंत्रता की झूठी महिमा ध्वस्त हो जाएगी। इतिहासकारों को आश्चर्य होगा कि जब वे अन्वेषण करेंगे कि स्वतंत्रता आन्दोलन का नेतृत्व किस प्रकार इतना अधम हो सका कि एक साम्राज्यवादी कलंक के पाप के भागी के रूप में बदल गया। सरकारों द्वारा बनाई गई योजनाओं और सुझावों की तथा सरकारों के कारिन्दों और एलचियों द्वारा उनके कार्यान्वित जाने की चर्चा करते समय इस सदी के राजनीतिक आन्दोलनों की उदासीनता के सम्बन्ध में भी विचार कर लेना उचित होगा जिससे लाभ उठाकर उन्होंने अपनी योजनाएँ तथा प्रस्ताव बनाए। वे कोई प्रस्ताव करते हैं, फिर चुप बैठ जाते हैं, प्रतिक्रियाएँ देखते हैं और

उम्मीद करते हैं कि उनके फैसले के अनुसार ही घटनाएँ घटेंगी, जैसे यह संवेदनापूर्ण प्रतिक्रियाओं की कोई कड़ी हो और इसे कार्यान्वित करने या तैयारी करने के लिए बिना कुछ-कराए ही सब हो जाएगा। सक्रिय जागरूक रूप से यह न जानते हुए भी श्री आजाद ने सन् 1942 के 'भारत छोड़ो' आन्दोलन से सम्बन्धित इस महत्त्वपूर्ण तथ्य का उद्घाटन किया है। उन्होंने सम्भवत: सादृश्यता से सोचने में यह मानने की चूक की कि ब्रिटिश सरकार ने अपनी योजनाओं को कांग्रेस दल के ढंग पर ही बनाया था। भारतीय राजनीति किसी घटना के पहले सक्रिय तैयारी और संगठन के अभाव से पीड़ित क्यों रही, शायद सिद्धिकारक कर्म और शरीर को काट देने वाले शब्द और आत्मा को अत्यधिक महत्त्व देना ही इसका कारण हो सकता है। मौलाना आजाद द्वारा गए महात्मा गांधी और युद्ध के वर्षों के विश्लेषण का परीक्षण करते समय मैं भारतीय स्थिति के इस अंग की फिर चर्चा कर सकता हूँ।

ब्रिटिशों के अपराध के साथी सरदार पटेल क्योंकर बने? इस प्रश्न के उत्तर की कल्पना मैं उनके सहकर्मी, श्री नेहरू के आचरण का परीक्षण करके जो अधिक प्रभावशाली व्यक्ति थे और इसलिए भी कि इस मामले के तथ्यों की मुझे अच्छी जानकारी है, कर सकता हूँ। इस प्रकार के परीक्षण को प्रारम्भ करने के पूर्व मैं कांग्रेस कार्यकारिणी समिति की उस बैठक का विवरण देना चाहूँगा जिसने विभाजन योजना को स्वीकृत दी। हम दो समाजवादी, श्री जयप्रकाश नारायण और मैं, विशेष रूप से इस बैठक में आमंत्रित थे। हम दोनों, महात्मा गांधी और खान अब्दुल गफ्फार खाँ को छोड़कर विभाजन के विरोध में कोई भी एक शब्द भी नहीं बोला था।

इस बैठक के दौरान पूरे दो दिनों तक हम लोगों से ठसाठस भरे कमरे के एक कोने में एक कुर्सी पर बैठे मौलाना आजाद लगातार अबाध गति से सिगरेट का धुआँ उड़ाते रहे और एक शब्द भी नहीं बोले। सम्भव है उन्हें सदमा पहुँचा हो, लेकिन उनका यह जताने का प्रयत्न करना कि विभाजन का विरोध करने वाले वहाँ वे अकेले थे, हास्यास्पद बात है। यही नहीं कि पूरी

बैठक के दौरान अटूट खामोशी उन पर छाई रही, वे विभाजित भारत के मंत्री पद पर एक युग तक या उससे अधिक समय तक जमे रहे। मैं स्वीकार कर सकता हूँ और समझ भी सकता हूँ कि वे बँटवारे से दुखी हुए थे और शायद अनौपचारिक ढंग से या गपाष्टक में उन्होंने इसका विरोध करने का प्रयत्न भी किया हो, परन्तु यह ऐसा विरोध था कि आगे चलकर उस विरोध करने वाली चीज की सेवा करने से वे नहीं हिचकिचाए। बड़ी चतुराई और उतने ही लचीले मन से विरोध व सेवा का यह विचित्र मेल था। मौलाना आजाद की चेतना का अन्वेषण भी एक दिलचस्प बात हो सकती है, क्योंकि कभी-कभी मुझे शंका होती है कि बुद्धिमानी और लचीलापन, दोनों साथ-साथ चलते हैं।

इस बैठक में आचार्य कृपलानी की स्थिति बड़ी दयनीय थी। उस समय वे कांग्रेस-दल के अध्यक्ष थे। वे ऊँघते हुए झुककर इस बैठक में बैठे थे। किसी एक मुद्दे पर बहस के दौरान महात्मा गांधी ने कांग्रेस के थके हुए अध्यक्ष की चर्चा की और मैंने गहरी झुँझलाहट से उनकी बाँह को झिंझोड़ा। उन्होंने तब बताया कि वे भयानक सिरदर्द से पीड़ित थे। विभाजन के प्रति उनका विरोध निश्चित निष्कपट रहा होगा, क्योंकि उनके लिए यह वैयक्तिक भी था, लेकिन आजादी के इस जुझारू संगठन को बुढ़ापे की बीमारी और थकान ने दुर्दिन के समय बुरी तरह धर दबाया।

खान अब्दुल गफ्फार खाँ महज दो वाक्यों में बोले। उन्होंने इस बात पर अपना दुख प्रकट किया कि उनके सहयोगियों ने विभाजन की योजना को स्वीकार कर लिया है। उन्होंने छोटी-सी विनती के रूप में कहा कि प्रस्तावित जनमत गणना में भारत या पाकिस्तान में शामिल होने के इन दो विकल्पों के सिवा, क्या यह भी जोड़ा जा सकता है कि उत्तर-पश्चिम सीमा प्रान्त चाहे तो स्वतंत्र भी रहे। इसके अलावा किसी भी मौके पर वे एक शब्द भी नहीं बोले, निश्चय ही वे बहुत मर्माहत होंगे!

श्री जयप्रकाश नारायण कुछ संक्षेप में, पर एक बार में ही विभाजन के खिलाफ निश्चयात्मक ढंग से बोले और बैठक के बाकी समय बिलकुल खामोश

रहे। उन्होंने ऐसा क्यों किया? क्या वे जिस ढंग से कार्यकारिणी समिति विभाजन के मसले पर चल रही थी, उससे क्षुब्ध हो गए थे? या विभाजन स्वीकार करने के लिए नेतृ-वर्ग को इस तरह संगठित रूप से एकमत देखकर उन्होंने खामोश रहना ही बुद्धिमानी समझा? सम्भवतः विशेष अवसरों पर स्वस्थ प्रतिक्रियाओं और साधारण तौर पर बुद्धिमानी के मिश्रण से उनका चरित्र बना है, ऐसा मिश्रण निःसन्देह बहुत झुँझलाहट पैदा करने वाला है और मुझे अकसर इस कारण उन पर बहुत गुस्सा आया है।

विभाजन के प्रति मेरा अपना विरोध हठी और मुखर था, लेकिन शायद वह प्रभावपूर्ण न था और अब मुझे याद पड़ता है कि उसमें कुछ खामियाँ भी थीं। हर दशा में, मेरा विरोध पहाड़ों को हिला नहीं सकता था। केवल कार्यवाही में एक कम प्रभाव वाले आजादी के सिपाही के स्वस्थ विरोध के रूप में लिखित रूप में दर्ज रह सकता था। तथापि मेरे जैसे आदमी में भी, जिसका किसी प्रकार का कोई स्वार्थ न था, विभाजन के प्रभावपूर्ण विरोध का अभाव, यह स्पष्ट करता है कि हमारी जनता और उनमें मुझ जैसा साधारण आदमी भी भीषण कमजोरी और डर के कारण कितना गिर गया था। मुझे अवसर मिले तो शायद मैं अपने विरोध के कुछ पहलुओं को उद्‌घाटित करूँ। जो महत्त्वपूर्ण है, वह है, उस बैठक में महात्मा गांधी का हस्तक्षेप।

मैं खासकर चाहूँगा कि उन दो बातों की चर्चा करूँ जिन्हें उस बैठक में गांधी जी ने कहा था। हल्की शिकायत की मुद्रा में श्री नेहरू और सरदार पटेल ने उसकी सूचना नहीं दी और इसके पहले कि गांधी जी अपनी बात पूरी कह पाते, श्री नेहरू ने तनिक आवेश में आकर बीच में उन्हें टोका और कहा कि उनको वे पूरी जानकारी बराबर देते रहे हैं। महात्मा गांधी के दुबारा दोहराने पर कि उन्हें विभाजन की योजना के बारे में जानकारी नहीं थी, श्री नेहरू ने अपनी पहले कही बात को थोड़ा-सा बदल दिया। उन्होंने कहा कि नोआखाली इतनी दूर है और कि वे उस योजना के बारे में विस्तार से न बता सके होंगे, उन्होंने गांधी जी को विभाजन के बारे में मोटे तौर पर लिखा था।

इस मामले में गांधी जी की ही बात को मानूँगा और श्री नेहरू की नहीं और भला कौन नहीं मानेगा? श्री नेहरू को झूठा कहकर छोड़ देना जरूरी नहीं है। यहाँ पर जो मुख्य बात है, वह यह है कि क्या श्री नेहरू और सरदार पटेल के स्वीकार कर लेने के पहले ही महात्मा गांधी को विभाजन योजना की जानकारी थी? सम्भवत: महात्मा गांधी को लिखे गए अपने अस्पष्ट पत्रों को प्रकाशित करा देने से श्री नेहरू का काम नहीं चलेगा जिनमें उन्होंने काल्पनिक औ॰ सतही जानकारी दी थी। इस मामले में कहीं कोई गड़बड़ घोटाला जरूर था। श्री नेहरू और सरदार पटेल ने अवश्य ही आपस में तय कर लिया था कि मामले के निश्चित रूप से पूरे होने के पहले गांधी जी को बिचका न देना ही सर्वोत्तम होगा।

श्री नेहरू और सरदार पटेल की ओर घूमकर गांधी जी ने अपनी दूसरी बात कही। वे चाहते थे कि कांग्रेस-दल अपने नेताओं द्वारा गए वायदों को निभाए। इसलिए वे कांग्रेस से कहेंगे कि विभाजन के सिद्धान्त को मान लें। सिद्धान्त को मान लेने के बाद, कांग्रेस को उसके कार्यान्वित करने के सम्बन्ध में घोषणा करनी चाहिए। उसे ब्रिटिश सरकार और वाइसराय को परे हट जाने को कहना चाहिए, ज्यों ही कांग्रेस और मुस्लिम लीग विभाजन की स्वीकृति की घोषणा करें देश की विभाजन-प्रक्रिया को कांग्रेस व मुस्लिम लीग को साथ बैठकर बिना किसी तीसरे के हस्तक्षेप के सम्पन्न करना चाहिए। यह बात, तब भी मैंने सोचा था और आज भी मानता हूँ कि यह एक अद्‌भुत नीतिकुशल चाल थी। सन्त के साथ-साथ नीति-कुशल होने के सम्बन्ध में बहुत कुछ कहा गया है, लेकिन जहाँ तक मुझे मालूम है कि इस महान और निपुण प्रस्ताव को अब तक लिपिबद्ध नहीं किया गया है।

सीमान्त गांधी के बड़े भाई डॉ. खान साहब प्रथम और अकेले व्यक्ति थे जिन्होंने चीखकर प्रस्ताव को पूर्णतया अव्यावहारिक बताया। किसी अन्य को प्रस्ताव का विरोध करने की आवश्यकता न थी। उस पर विचार ही नहीं किया गया। डॉ. खान साहब का प्रतिवाद करते हुए मैंने कहा कि इस प्रस्ताव की

अव्यावहारिकता में ही तो इसकी खूबसूरती निहित है और यदि मिस्टर जिन्ना और कांग्रेस के प्रतिनिधि ब्रिटिश सहयोग के बिना देश का विभाजन कैसे हो, इस पर एकमत न हो सकें तो हिन्दुस्तान का किसी तरह नुकसान न होगा, लेकिन मेरी हुज्जत पर कौन ध्यान देता? प्रस्ताव अपने-आप में कितना निपुण था, लेकिन कांग्रेस नेतृत्व के इस निश्चय के बाद कि वे देश की अखंडता की कीमत देकर आजादी लेंगे, इस प्रस्ताव का कोई व्यावहारिक माने नहीं रह गया। इसके माने भी निकलते यदि गांधी जी प्रस्ताव को आन्दोलन की सम्भावना से पुष्ट करते।

मुझे कभी-कभी आश्चर्य होता है कि क्यों डॉ. खान साहब ने इस प्रस्ताव की अव्यावहारिकता को दिखाना चाहा, जबकि विभाजन से उन्हें घाटा ही था। अधिकांश में लोगों की बुद्धि साधारण होती है। वे आदत से प्रतिघात करते हैं। वे अपने-आप किसी भी प्रस्ताव के चतुर्दिक प्रभाव को नहीं देख पाते उसके प्रारम्भ और नतीजे को नहीं देखते और आदतवश उस पर विचार करने लगते हैं। मिस्टर जिन्ना इसे स्वीकार करते यह असम्भव था, ऐसी प्रतिक्रिया अधिकांश कांग्रेसजनों की थी, विशेषकर मुस्लिम कांग्रेसजनों की। डॉ. खान साहब केवल आदत की प्रतिक्रियावश ही बोल रहे थे। उन्होंने यह अनुभव नहीं किया कि हठी मिस्टर जिन्ना की गांधी जी के प्रस्ताव पर असहमति, उसकी अव्यावहारिकता के कारण हिन्दुस्तान को अन्ततोगत्वा बचा लेती।

इस बैठक में श्री नेहरू व सरदार पटेल, गांधी जी के प्रति आक्रामक रोष दिखाते रहे। उन दोनों के साथ मेरी कई तीखी झड़पें भी हुईं। उनमें से कुछ की मैं चर्चा करूँगा। उस समय जो बात आश्चर्यजनक लगी और आज भी लगती है, यद्यपि आज मैं उसे कुछ अच्छी तरह समझ सकता हूँ, वह थी अपने अधिष्ठाता के प्रति उसके दो प्रमुख चेलों के अत्यधिक अशिष्ट व्यवहार की। इस बात में कुछ मनोविकार था। ऐसा लगता था कि वे किसी चीज पर ललचा गए थे और जब उन्हें लगा कि गांधी जी उनके लिए रुकावट बन रहे थे तो वे चिढ़कर जोरों से भौंकने लगे।

कुछ विचित्र करतूतों के बारे में अब सचाई खुलने लगी है। मौलाना आजाद ने भी इसकी साक्षी दी है, चाहे वह जैसी भी हो, मेरे एक विचार को, जो बात बहुत पहले से मेरे मन में निश्चित रूप ले चुका था कि 1942 के कुछ महीनों में श्री नेहरू मूल रूप में सहकारवादी थे। विजय पक्ष के साथ निश्चय ही सहकारवादी नहीं रहते, वहाँ तो केवल मित्र और आजादी की लड़ाई के सिपाही होते हैं। लड़ाई तो अंग्रेजों व उनके मित्रों ने जीती। सहकारवादी शब्द तो केवल ऐसे फ्रांसीसी और पूर्वी यूरोपीय लोगों के लिए प्रयुक्त होता है जिन्होंने धुरी राष्ट्रों के साथ सहकार किया लेकिन असली सवाल तो शक्तिशाली पक्ष से सहकार का है।

श्री नेहरू तो शक्ति-सम्पन्न ऐसी सरकार के साथ सहकार करने को तत्पर थे। श्री आजाद ने लिखा है कि श्री नेहरू वाइसराय की उस बड़ी कौंसिल में जाना चाहते थे, अंग्रेजों की किसी निश्चित घोषणा के बगैर कि यह कौंसिल युद्ध के दौरान एक मंत्रिमंडल की तरह काम करेगी और शान्ति स्थापित होने पर हिन्दुस्तान स्वतंत्र हो जाएगा। श्री नेहरू या तो सरकारी अधिकार के मजे के इतने भूखे हो गए थे, जो एक बहुत स्वार्थी लक्ष्य है, या फासिज्म के पतन के लिए, जो नितान्त निर्वैयक्तिक लक्ष्य है, दोनों ही लक्ष्य सतही तौर पर बहुत अलग-अलग दिखाई देते हैं। शायद, क्या इन दोनों लक्ष्यों के बीच किसी एकरूपता का संयोग हो सकता है?

मुझे अभी हाल ही में बताया गया कि 1942 के कुछ महीनों में श्री नेहरू की विक्षिप्त प्रतिक्रियाएँ, जब उन्होंने सार्वजनिक घोषणा की कि उनकी इच्छा व क्षमता है कि जापानियों के मुकाबले के लिए लाखों गुरिल्ला तैयार जाएँ, कम-से-कम कुछ हद तक श्री सुभाषचन्द्र बोस के प्रति ईर्ष्या भावना से प्रेरित थीं। श्री बोस धुरी राष्ट्रों की ओर चले गए थे। वे कम-से-कम यह दावा तो कर ही सकते थे कि वे भारत के लिए एक राष्ट्रीय पलटन खड़ी कर रहे थे, जबकि श्री नेहरू की कलाबाजियों का परिणाम होता ब्रितानी ताज की सेवा। अब तो कोई भी इस बात से इनकार न करेगा कि ईर्ष्या की एक अन्तर्धारा ने सदा ही

श्री नेहरू और श्री बोस के रिश्ते को दूषित किया है। 1942 के इन भयानक और प्रारम्भिक महीनों में श्री नेहरू, न केवल जापानियों द्वारा पददलित होने, बल्कि अपने पुराने प्रतिद्वन्द्वी के हाथों भी परास्त होने के भय से अवश्य ही त्रस्त रहे हैं। जब हिन्दुस्तान मित्र-राष्ट्रों के रौंदते जूतों के नीचे निस्सहाय पड़ा था, तब भी धुरी राष्ट्रों के विरुद्ध मित्र-राष्ट्रों के हित में उनके मनस्तापी पक्षपात के पीछे ऐसे ही व्यक्तिगत कारण रहे होंगे। फिर भी मैं इन कारणों को कोई विशेष महत्त्व न दूँगा। हो सकता है उन्होंने आग में ईंधन का काम किया हो, लेकिन उन्होंने आग तो न ही सुलगाई होगी।

श्री नेहरू बड़े पुराने फासिस्ट विरोधी रहे हैं, यहाँ तक कि लोगों को मालूम है कि उन्होंने इस शताब्दी के तीसरे दशक में किस प्रकार सीनोर मुसोलिनी से मिलने से इनकार कर दिया था और वे हमेशा से ब्रिटिश वामपंथ के मित्र रहे हैं। फासिस्ट विरोधियों और ब्रिटिश वामपंथ से उनकी असाधारण मित्रता के स्रोतों की जाँच करना शायद उचित ही हो, लेकिन यहाँ मैं वह भी नहीं करना चाहता। श्री बोस से ईर्ष्या शायद एक बड़ा कारण रहा हो, पर उसे भी अधिक महत्त्व देना आवश्यक नहीं है।

मैंने हमेशा श्री बोस के मुकाबले श्री नेहरू को पसन्द करने की गलती की है और शायद इस गलती का एक बड़ा कारण शायद महात्मा गांधी ही रहे हों, लेकिन 1942 के प्रारम्भ से ही श्री नेहरू के रवैये के प्रति अपनी गहरी नापसन्दगी को मैं दबा नहीं पाया। अल्मोड़ा जिला राजनीतिक सम्मेलन के अपने अध्यक्षीय भाषण में मैंने श्री नेहरू को 'बहुरुपिया' कहा था और सतर्क भी किया था कि यदि वे अपनी हरकतों को नहीं सुधारते तो जनता और विशेषकर युवजन एक ही आदमी की बात को सुनेंगे जबकि तब तक वे दो की बातें सुनते थे। मेरी श्री नेहरू से सार्वजनिक रूप से तथा व्यक्तिगत रूप से बराबर झड़प हुई है—और अपनी जवानी की उम्र में कई अवसरों पर मैं बहुत ही तीखा भी हो गया हूँ—उनके ब्रिटिश और मित्रराष्ट्र समर्थक विकारपूर्ण रवैयों को लेकर।

इलाहाबाद के कुछ अखबारों ने 'बहुरुपिए' वाले मेरे भाषण को मुखपृष्ठ पर छापा, ठीक उसी दिन जिस दिन उस शहर में अखिल भारतीय कांग्रेस कमेटी का अधिवेशन शुरू हुआ। मुझे बाद में बताया गया कि श्री नेहरू की कुछ महिला-मित्रों ने उनके इस नामकरण को लेकर उनको काफी दिनों तक चिढ़ाया था, अल्मोड़ा से वापस आने के बाद श्री नेहरू से मिलने में मुझे कुछ अजीब-सा लगा, लेकिन उनके साथ मेरे सम्बन्ध कुछ ऐसे थे कि मुझे मिलना ही पड़ा। जान-बूझकर मैं दोपहर बाद उनसे मिलने गया। वे अपने कमरे में नहीं थे।

मुक्ति की साँस लेकर मैं जैसे ही वहाँ से वापस जाने की सोच रहा था कि मौलाना आजाद ने, जो ठीक उसी समय अपने कमरे से बाहर आ रहे थे, पीछे से मुझे पुकारा और बताया कि मेरे भाषण से वे कितने खुश हुए हैं। मैं मौलाना की खुशी का कारण न समझ पाया, लेकिन उस समय कुछ कड़वा कहने की अपनी इच्छा को दबाने में मैं सफल हो सका। उस समय गांधी जी व जनता की आजादी की इच्छा को भुलावा देने में मौलाना आजाद व श्री नेहरू चमत्कारी रूप से घनिष्ठ हो गए थे। अब मौलाना की किताब ने उस घटना को मेरे सामने स्पष्ट कर दिया है। श्री नेहरू और मौलाना आजाद के दृष्टिकोणों में बहुत थोड़ा ही अन्तर था।

भारत की स्वतंत्रता और भारत सरकार के तात्कालिक अधिकारी के प्रति श्री नेहरू के मुकाबले मौलाना आजाद कुछ अधिक ही चिन्तित थे। श्री आजाद ने अपनी किताब में कहा है कि वे तब तक ब्रिटिश प्रस्ताव को मानने को तैयार न थे जब तक यह घोषणा न कर दी जाए कि भारत सरकार एक मंत्रिमंडल के हैसियत से काम करेगी और अन्ततोगत्वा देश को स्वतंत्र कर दिया जाएगा। श्री नेहरू तो सीधे ब्रिटिश प्रस्ताव को मान लेने के पक्ष में थे, यद्यपि भारत-स्थित एक ब्रिटिश संवाददाता ने उस समय इसे ब्रिटेन के किसी शत्रु की करतूत कहा था। उन महीनों में सचमुच श्री नेहरू बहुत नीचे गिर गए थे। श्री आजाद मेरी बाँह पकड़कर मुझे लगभग जबरदस्ती खींचते हुए उस कमरे में घसीट ले गए

जहाँ श्री नेहरू और उनके रिश्तेदार लोग चाय पी रहे थे। श्री नेहरू के घर में ऐसी ठंडी चाय मैंने कभी नहीं पी, यद्यपि मैं स्वीकार करूँगा कि बाद में उन्होंने थोड़ी गरमी अवश्य दिखाई। उस समय मूल रूप में यह उनका सशक्त ढंग था। वे असाधारण रूप से लचीले थे। या, शायद यह इसलिए था कि मैं अभी तक उनका चेला था, चाहे कितना ही उनके मत का विरोधी रहा होऊँ। श्री नेहरू के इस असाधारण लचीलेपन ने उन्हें निश्चित पतन और बरबादी के गर्त में गिरने से बचाया, जो दुर्दशा उनको अवश्य ही देखनी पड़ती, यदि अपने 1942 के प्रारम्भिक दिनों के रवैये पर वे अड़े रहते।

दो

सन् 1942 के शुरुआती दिनों में श्री नेहरू के सम्भाव्य सहकारवाद को इस उदार नजरिये से देखें कि वह उनके फासिस्ट विरोधी पूर्वराग के कारण था तो फिर उन्होंने बाद में जो देश का विभाजन मान लिया, उसको क्या कहेंगे? यह किस्सा इतना आसान नहीं है, जैसा गढ़ा गया है। इससे कुछ मतलब निकालना हो तो उसके बहुत से हिस्सों को जोड़ना होगा। मानवीय मर्यादा और खुशियों के शत्रुओं के सामने घुटने टेक देना, फासिज्म के विरोध में एक समय आजादी छोड़ देना और फिर बाद में देश की अखंडता का विनिमय कर लेना, पद के लिए अवसरवादिता के ही परिणाम हैं। श्री नेहरू के जीवन की इन दो बड़ी घटनाओं में बहुत एकरूपता है। एक को उनकी जनतांत्रिक-विश्व-दृष्टि और दूसरे को मुग्धता का दुर्व्यसन कहने से नहीं चलेगा। अपने सहयोगी को बचाने के प्रयत्न में मौलाना आजाद ने अपेक्षाकृत गौण और शायद गुमराह करने वाली सूचनाओं का इस्तेमाल किया है और मूल-तथ्यों को दबाया है।

इस बात की काफी सम्भावना है कि इतिहास को इस तरह तोड़ने-मरोड़ने में मौलाना आजाद मुख्य दोषी न रहे हों। इस काम में दो और

व्यक्ति भी शामिल हैं। श्री नेहरू ने इनकार किया है कि किताब को दुहराने अथवा इसमें संशोधन करने में उनका कोई हाथ रहा है। अपने शाब्दिक अर्थों में यह सच भी हो सकता है। भारत सरकार में उनके मातहत कर्मचारी से किताब में कोई विशेष संशोधन के लिए उन्हें कहने की जरूरत भी नहीं थी, जिसने मौलाना की किताब लिखी है। मौलाना के उस लिपिकार को किसी दिन अकेले चाय पर बुलाकर उन्होंने चुपके से कुछ तथ्य बता दिये होंगे और कुछ राय दे दी होगी। मुझे पूरा शक है कि मौलाना आजाद की किताब के बचकाने और अयथार्थ अंशों के लिए कम-से-कम एक हद तक श्री कबीर और श्री नेहरू निश्चित ही जिम्मेदार हैं, लेकिन निश्चित प्रमाण के अभाव में मौलाना ही सारे दोष के भागी हैं। इस सिद्धान्त को जमाने के लिए कि श्री नेहरू में रईसों या औरतों के बहकावे में आ जाने का दुर्व्यसन है जो अपने-आप में गौण रूप में सच भी हो सकता है—श्री आजाद ने एक बचकाना किस्सा शुरू किया है कि माउंटबेटन परिवार के दृश्य में उपस्थित होने के बाद ही प्रधानमंत्री विभाजन के पक्ष में राजी हुए। मैंने जान-बूझकर उन दिनों श्री प्यारेलाल, नेहरू और माउंटबेटन के सलाहकारों द्वारा लिखे गए तथ्यों को नहीं पढ़ा है। कुछ ऐसा है जो मुझे इनसे दूर रखता है। जिस तरह सचाई को दबाने या तोड़ने-मरोड़ने से मैं दूर रहना पसन्द करता हूँ, ठीक उसी तरह इनसे भी दूर रहा। मैं मौलाना की यह किताब भी न पढ़ता, यदि इसने भारत के विभाजन के बारे में एक बार फिर जनता में रुचि न पैदा की होती। इस सम्बन्ध में कोई निश्चित प्रमाण प्रकाशित हुआ या नहीं, मैं नहीं कह सकता कि माउंटबेटन परिवार के आने के पहले ही श्री नेहरू विभाजन के पक्षपाती बन गए थे। मेरा विश्वास है कि इसके प्रमाण पुरावृत्त में ही हैं।

मैं यहाँ इजाजत चाहता हूँ, एक व्यक्तिगत बातचीत का हवाला देने के लिए, जो 1946 के आसपास नोआखाली में श्री नेहरू के साथ हुई थी, जिसके लिए एक प्रकार से महात्मा गांधी ने मुझे विवश किया था। श्री नेहरू ने पूर्वी बंगाल में जो चारों ओर देखा था उस पानी, कीचड़, झाड़ियों और पेड़ों की

चर्चा की। उन्होंने कहा कि यह वह हिन्दुस्तान नहीं है जिसे मैं या तुम दोनों जानते हैं। फिर उन्होंने बड़े निश्चयात्मक झटके के ढंग से कहा कि वे भारत देश से पूर्वी बंगाल को काटकर अलग करना चाहते हैं। यह बड़ी असाधारण बात थी। लगा कि वह व्यक्ति बड़े गहरे भावुक दबाव से यह बात कह रहा है। वे कुछ करने को जैसे कृत-संकल्प थे। अपनी अन्तश्चेतना की रही-सही धीमी आवाज को शान्त करने के लिए वे भूगोल के चिरस्थायी कारण खोज रहे थे। भूगोल के यह कारण, दूसरी परिस्थितियों में यह साबित कर सकते हैं कि गंगा और यमुना के मैदानी इलाके का इनके अन्तिम छोर तक जुड़ा रहना कितना जरूरी है, लेकिन एक बार जब आजादी के लिए विभाजन की बात पहली शर्त बन गई, जिसे स्वीकार करना जरूरी था, चाहे यह स्वीकृति अभी तक बहुत गोपनीय थी और महात्मा गांधी तक को नहीं बताई गई, तब पूर्वी बंगाल का भूगोल बहुत घृणित बन गया। मेरे लिए तो पूर्वी बंगाल की औरत प्रफुल्ल हँसी का जोड़ दुनिया में और नहीं मिलता।

ये लोग बूढ़े हो गए थे और थक गए थे। वे अपनी मौत के निकट आ गए थे, या कम-से-कम ऐसा उन्होंने सोचा जरूर ही होगा। यह भी सच है कि पद के आराम के बिना ये अधिक दिनों तक जिन्दा भी नहीं रहते। उन्होंने अपने विगत संघर्षमय जीवन की ओर निराशा की दृष्टि से देखना शुरू कर दिया था। उनका नेता उन्हें बहुत ज्यादा मौकापरस्त नहीं बनने दे रहा था। वे कौन-सी कमजोरियों के शिकार बनते जा रहे थे, यह केवल अनुमान ही लगाए जाने की बात है और हरेक के लिए इसके कारण भी अलग-अलग होंगे। शायद कुछ पद और सत्ता और आराम एवं हराम के पैसों के भूखे रहे होंगे। कुछ ने देश में कुछ परिवर्तन लाना चाहा होगा और इतिहास पर अपनी छाप छोड़ना चाहा होगा और इस गलतफहमी के शिकार हुए होंगे कि वे तब तक कुछ नहीं कर सकते जब तक मरने के पहले कुछ साल सरकार न चला लें और दूसरे कुछ यह सोचकर घबरा गए होंगे कि इतिहास में महज असफल और महत्त्वहीन व्यक्ति माने जाएँगे। यह भी सम्भव है कि ये विभिन्न आकांक्षाओं

की विभिन्न शक्लें हैं। सत्ता को मौज, सरकार के माध्यम से देश की तरक्की और असफल माने जाने का भय, सभी एक ही इच्छा के विभिन्न पहलू हैं कि प्रशासन की मदद से और अपने हाथों से देश की भलाई कर सकें। मैं इनके जैसा ओछा आदमी नहीं हूँ और यह मैं कोई आत्मस्तुति के लिए नहीं कह रहा, बल्कि उनके प्रति आभार व्यक्त करते हुए, क्योंकि मैं उन्हीं के कन्धों पर खड़ा हूँ और मैं और मेरे जैसे और हजारों दूसरे साधारण लोग एक हद तक उन्हीं के लगनशील परिश्रम और प्रभाव के कारण ही हैं, लेकिन मैं एक आत्मस्वीकृति अवश्य करूँगा!

ऐसे भी क्षण आए हैं जब मैं भी, इतना अधिक तो नहीं पर कुछ अच्छा करने की आकांक्षा या सत्ता की मौज के लिए ललचाया हूँ, लेकिन मुझे शक है कि अकसर असफल समझे जाने के डर की भी कुछ गंध मुझे लगी है। मैं समझता हूँ कि ये लालच क्षणिक मोह से अधिक नहीं। इस बात में मुझे जरा भी सन्देह नहीं है कि भारत का समाजवादी आन्दोलन इन्हीं लालसाओं की नुकीली चट्टानों से काफी नुकसान उठा चुका है। भारत के समाजवादियों ने अपने अग्रजों और गुरुओं, कांग्रेस दल के नेताओं की तरह अपने ही हाथों प्रशासनिक भला करना और सत्ता के मजे उठाना चाहा है, उन्होंने भी राजनीति के दाँव-पेच वाले खेल खेलने की कोशिश की। उनके पास महात्मा गांधी जैसा मसीहा नहीं था जो उन्हें घोरत: पतित होने से बचाता और उनमें किसी नेहरू या किसी पटेल जैसा हुनर भी नहीं था। उनकी अवसरवादिता से उन्हें कोई फल नहीं मिला जैसा कि उनके हुनरमन्द अग्रजों को मिला था। बेगुनाह-बेलज्जत करते रहे। मसीहाई उत्साह के बिना सभी राजनीतिज्ञों का इसी तरह पतन लाजमी था। समाजवादी चाहते थे कि वे समाज के कर्णधार बनें और उसमें सुधार लावें यदि ऐसा वे कर सकते। उनमें क्रान्तिकारी परिवर्तन करने की चाह होनी चाहिए थी। क्रान्तिकारी, यहाँ तक कि छोटे से गाँव का क्रान्तिकारी भी छोटा-मोटा मसीहा होता है। वह अपने लोगों को बदलना चाहता है, उनके दिमाग को यहाँ तक कि उनके जीवन को भी। वह अपने जीवन-काल में परिवर्तन

की अन्तिम मंजिल नहीं देख पाने से भी वह बहुत हताश नहीं होता। वह इसी से सन्तुष्ट होता है कि वह परिवर्तन की परिस्थितियों को जुटाता जाता है और उसे विश्वास है कि उनकी परिणति और प्राप्ति उसके अनुवर्ती जरूर करेंगे।

भारतीय समाजवादियों के मानस-निर्माण में क्रान्ति की मात्रा बनिस्बत राजनीति की मात्रा के अधिक रही है जिन्होंने मध्य आयु में ही पतन के लक्षण स्पष्ट कर दिये, जबकि कांग्रेस नेतागण कम-से-कम बुढ़ापा आने तक इससे बचे रहे। जो भी हो, इस दिलचस्प तथ्य को जरूर जान लेना चाहिए कि अपने समकालीनों और अनुवर्तियों में क्रान्ति के लिए धीरज उत्पन्न करने में मसीहा (महात्मा गांधी) सफल नहीं हो सका। मैं फिर सर्वश्री नेहरू और पटेल की ख्वाहिश पर वापस आता हूँ। यह थके व बूढ़े लोगों की सड़ाँधभरी ख्वाहिश थी। मैं सोचता हूँ कि श्री नेहरू के लिए जो कुछ कहा गया है, वही श्री पटेल पर भी उतना ही लागू होता है। यद्यपि यह सम्भव है कि सरदार पटेल ने अधिक स्वाभाविक तौर पर काम किये और दोनों में वे अधिक बड़े आदर्शवादी थे, हालाँकि अपने पीछे वे बड़े भूत-प्रेतों का भ्रान्त पुछल्ला नहीं छोड़ गए।

श्री नेहरू के सिलसिले में उनकी सड़ी हुई ख्वाहिश की एक बहुत महत्त्वपूर्ण अभिव्यक्ति की चर्चा करने के लोभ का संवरण मैं नहीं कर सकता। सन् 1946 के मई-जून के आसपास की बात होगी। जेल से आने के बाद मैं उनसे नहीं मिला था और मिलने की कोई खास चाह भी नहीं थी, लेकिन बिना किसी पूर्व सूचना के उन्होंने मुझे एक मकान की चौथी मंजिल पर खोज ही लिया और मुझसे वह शाम अपने साथ बिताने का वायदा करवा लिया। रात में भोजन के बाद, हम दोनों बगीचे के लॉन के कोने में जाकर बैठे और उन्होंने अपनी पूरी मोहिनी मुझ पर उड़ेल दी। मैं समझता हूँ कि वह बेहद मोहक हो जाते हैं जब वे चाहते हैं और जब कभी किसी पारस्परिक लाभ की सम्भावना हो। उन्होंने मुझसे पूछा कि मैं बोलूँगा या वे बोलें, या मैं चाहता हूँ कि यह भेंट लम्बी खामोशी बनी रहे? मैंने कहा कि जिसमें उन्हें अत्यधिक प्रसन्नता हो वही करें। फिर बातचीत के दौरान एक स्थल पर मैंने उन्हें उस खतरे के बारे में

सतर्क किया जिसमें वे पड़ते जा रहे थे। मैंने उन्हें अपनी शक्ति-भर उस खतरे से आगाह किया। मैंने उन्हें सतर्क किया कि वे सुधारवादी राह पर जा रहे हैं, कि अपने सहयोगियों और कांग्रेस संस्था पर से उनका विश्वास उठता जा रहा है और अच्छा करने के लिए वे प्रशासनिक मशीनरी पर कब्जा पाने के लिए छटपटा रहे हैं, कि वे भारतीय प्रशासन सेवा के लोगों और उन जैसे सरकारी कर्मचारियों को जरूरत से कुछ ज्यादा अच्छा समझने लगे हैं और यदि वे चेते नहीं तो वे जल्दी ही नरमपंथी बन जाएँगे। पहले तो उन्होंने मेरे आरोपों का कोई प्रतिवाद नहीं किया। बाद में थोड़े झटके के साथ मुझसे कहा कि कांग्रेसी कितने नीचे गिर गए हैं और कि शायद उनके पूरे पतन की छवि से मैं परिचित नहीं हूँ।

उन्होंने उत्तर प्रदेश कांग्रेस के आन्तरिक चुनाव सम्बन्धी अदालत की एक वार्षिक रपट के बारे में बताया, जिसमें कहा गया था कि कांग्रेसजनों ने आपसी लड़ाई में ताजीरात-हिन्द की हर एक दफा को तोड़ा है। मेरी समझ में नहीं आया कि सारा-का-सारा ताजीरात-हिन्द कैसे लागू होता, लेकिन उन्होंने फिर थोड़ी तल्खी के साथ कहा कि ऐसा ही हुआ। जो हो सकता है ठीक ही हो। आपसी झगड़ों में राजनीतिक स्वभावतः कुछ ज्यादा नीचे आ जाते हैं। मुझसे बताया गया कि श्री नेहरू जब जेल से छूटकर आए, मेरे छूटने के कुछ महीने पहले, तब उनके सामने भी शायद वही आदर्श और योजनाएँ थीं। अपने शहर की कांग्रेस कमेटी को पुनर्गठित करने का काम जब उन्होंने उठाया, तो सोचा था कि अपनी योजना को समूचे देश के पैमाने पर लागू करने के पहले वे उसे विस्तार से प्रदर्शित करें। बस, कुल तीन महीने में, शहर के कांग्रेसजनों ने उनसे मिलना-जुलना ही बन्द कर दिया, यहाँ तक कि उन लोगों ने भी जो उनके 'पालतू कुत्तों' से भी अधिक समझे जाते थे।

तब मुझे बड़ा ताज्जुब हुआ। आज श्री नेहरू का दृष्टिकोण मेरी समझ में कुछ-कुछ आने लगा है। हालाँकि संगठन के सम्बन्ध में उनकी 'तमानी हाल'[1]

---

1. अमेरिका की डेमोक्रेटिक पार्टी का केन्द्रीय संगठन, जो 'तमानी हाल' न्यूयार्क में स्थित है। तमानी हाल का व्यवहार प्रतीक रूप में प्रायः राजनीतिक भ्रष्टाचार के अर्थ में होता है।

की यदा-कदा चूकों के बारे में मुझे अभी हाल में ही बताया गया। जो भी हो, मैं उसे तब भी मानने को तैयार नहीं हुआ था और अब भी नहीं हूँ। मैंने श्री नेहरू से कहा कि कांग्रेसजन वास्तव में बहुत नीचे गिर गए हैं, पर विदेशी सत्ता को उलटने की हमारी जद्दोजहद में वे सिविल सर्विस वालों से तो बेहतर ही हैं और असली चीज थी भी यही। कुछ अवसरों पर मैं अपने-आप को इसी तरह समझाता हूँ कि पूँजीवाद के नाश के मामले में व्यवहार-कुशल मध्यवर्ग के बनिस्बत पतन की ओर जा रहे समाजवादी ही बेहतर हैं। जब श्री नेहरू ने देखा कि वे मुझे समझा नहीं सकते, तो उन्होंने अपना पक्ष तत्काल बदल दिया और मुझे यह विश्वास दिलाने की कोशिश करने लगे कि कांग्रेसियों पर मूलभूत भरोसा बनाए रखने का ही उनका इरादा है।

यही है खराबी की असल जड़। कांग्रेसी नेता अपने अनुयायियों से उसी तरह उकता गए थे, जैसे अपने बुढ़ापे से। जून-जुलाई 1946 में श्री नेहरू की विचारधारा के विरोधाभास के इस पहलू को मैंने फिर देखा। वे कांग्रेस अध्यक्ष बन गए थे और उन्होंने श्री नारायण (जयप्रकाश नारायण) और मुझे अपनी कमेटी में लेना चाहा और इससे भी अधिक वे मुझे कांग्रेस का महामंत्री भी बनाना चाहते थे। हमारी तीन बार वार्ताएँ हुईं, आधी रात के बाद तक और एक तो सुबह के पूर्व तीन बजे तक। मैं इन वार्ताओं की अन्य बातों को छोड़े देता हूँ और यही बताऊँगा कि श्री नेहरू ने मेरी शर्तों में से दो को पूरी तरह ठुकरा दिया, पहली यह कि कांग्रेस कार्यकारिणी समिति का कोई सदस्य सरकार का मंत्री नहीं होना चाहिए और दूसरी कि कोई ऐसा रास्ता निकाला जाए कि कांग्रेस पार्टी को अपनी सरकार की सद्भावनापूर्ण की आलोचना करने की इजाजत हो और मेरी तीसरी शर्त को उन्होंने आंशिक रूप में स्वीकार किया कि कांग्रेस अध्यक्ष सरकार से बाहर रहे।

उस समय प्रस्तावित कांग्रेस-ब्रिटिश समझौते की हवा गर्म थी। श्री नेहरू ने सिद्धान्त तो मान लिया, लेकिन जहाँ तक उसे उनके खुद के ऊपर लागू करने का सवाल था, मेरे निवेदन को उन्होंने अस्वीकार कर दिया। उन्होंने मुझे

याद दिलाया, प्यार से बोलते हुए कि मैं समझने की कोशिश करूँ कि 1937 के प्रान्तीय मंत्रिमंडल और बाद में भी लोग उनके सुझावों पर बहुत कम ध्यान देते थे, बावजूद इसके कि उस समय वे कांग्रेस के अध्यक्ष थे। सलाहकार और कर्ता, दो भिन्न-भिन्न हस्तियाँ होती हैं और कुछ ही विशेष परिस्थितियों को छोड़कर, कर्ता अपनी ही लीक पर चलना पसन्द करता है। उस समय के मुकाबले मैं आज श्री नेहरू की बात ज्यादा अच्छी तरह समझ सकता हूँ। जाहिर है, मैंने उनका प्रस्ताव नामंजूर कर दिया।

एक सवाल उठ सकता है कि क्या सत्ता के प्रति मेरा दृष्टिकोण असन्तुलित है, जिसके एक छोर पर मेरा डर है और दूसरे छोर पर है कांग्रेस नेताओं का प्रलोभन। कुछ सत्ता के लिए ललचाए हैं। कुछ सत्ता-प्राप्ति की सम्भावना से भयभीत हैं। ये दोनों ही दृष्टिकोण समान रूप से संदिग्ध हो सकते हैं। एक राजनीतिक, जो कुशल-नीतिज्ञ भी हो, कोशिश करेगा कि वह सत्ता के प्रति न तो विमोहित हो और न ही उसके प्रति लज्जित। मैं एक किस्सा कहना चाहूँगा, जिससे शायद पता चले कि जब सत्ता-प्राप्ति की सम्भावना थी, तब क्या मैं उससे शरमाया! मैं बहुत बार सोचता रहा कि राष्ट्रीय महत्त्व की घटनाओं की समीक्षा करते समय किस्से बताना जो नितान्त व्यक्तिगत हैं, क्या उचित है? आखिर, मेरे साथ जो भी निजी तौर पर घटा, उससे घटनाओं की मुख्यधारा पर कोई असर नहीं पड़ा। तब फिर ऐसी निजी घटनाओं का क्या महत्त्व है? अव्वल तो मैं इनकी प्रामाणिकता का जिम्मेदार बन सकता हूँ। दूसरे, जो कुछ मेरे साथ हुआ, वही जनता के साथ भी हुआ। नाटक के मुख्य घटनाओं के मुख्य अभिनेता जनता के उतने नजदीक नहीं थे, जितना मैं था। किसी-न-किसी विवशता के कारण ही उन्होंने काम किया। केवल एक महात्मा गांधी इसके अपवाद थे। इसीलिए वे हर प्रकार से घटनाओं की मुख्यधारा में भी थे और उससे अलग भी और उसके किनारे और उसके आगे भी। मैं घटनाओं की मुख्यधारा के किनारे था और मेरे लोग भी। सामयिक रूप में ऐसा लगेगा कि उन मुख्य अभिनेताओं ने ही देश के भाग्य का निर्णय किया, लेकिन कौन जानता

है कि शायद किनारे वाले लोगों के कार्य ही अन्ततः अधिक प्रभावशाली ढंग से देश की भौतिक और आध्यात्मिक आकृति को शक्ल दे सकेंगे। मुख्यधारा तो गुजर जाएगी, इसका अधिकांश बहुत गन्दा था। किनारा ही शायद स्थायी रहे।

एक हद तक विवश किये जाने पर और कुछ मजबूरीवश मुझे दिल्ली के दंगाई इलाकों में रहना पड़ा, जिस तरह मुझे पहले कलकत्ता और नोआखाली के इलाकों में रहना पड़ा था। मैं नहीं जानता कि गांधी जी को ऐसा क्यों करना पड़ा। मुझे कभी-कभी शक होता है कि उन्होंने 'सेफ्टी वाल्व' के रूप में मेरा इस्तेमाल किया, बहुत कुछ उसी तरह जैसे कोई बूढ़ा अपने से दूर रहने वाले बेटे-बेटियों से पीड़ित होकर अपने पोते को अपने से जोड़ ले और उसे किस्से सुनाने लगे। मैं यह पूरा किस्सा छोड़कर उस सुबह की चर्चा करूँगा जब समाचार-पत्र में छपी इस रिपोर्ट पर मैं गुस्से से भर गया कि एक मुस्लिम इलाके से तीन सौ तीन राइफलें बरामद की गईं। हमारा उस इलाके से सम्पर्क था, क्योंकि वह हमारे कार्यक्षेत्रों में से एक था। एक मुसलमान के घर से एक राइफल बरामद हुई थी, राइफल का नाम था 303। इस विशेष मार्का या नाम वाली एक राइफल की खबर को गलत ढंग से तीन सौ तीन राइफलें बनाकर समाचार छापा गया था। कोई भी इससे क्रोधित होता, खासकर वह जिसका नाम हिन्दू-मुस्लिम सम्बन्धों के वैमनस्य और तनाव के खड्डों का भरना था। मैं जैसा था वैसा ही, बिना नहाए ही गांधी जी के पास पहुँचा। मैं अखबार साथ ले गया था। उनकी ओर समाचार-पत्र उछालकर, मुझे लगा कि मैंने पूरा तर्क प्रस्तुत कर दिया और मैंने उनसे पूछा कि वे मेरे जैसे आदमियों को बिना सोचे-समझे हिन्दू-मुस्लिम एका का काम करने को क्यों कह देते हैं, जबकि सूचना और प्रसार मंत्रालय द्वारा जारी की गई इस तरह की एक खबर ही हमारे लगातार कई दिनों और हफ्तों बड़ी सतर्कता से गए काम को चौपट कर देती है? यह मंत्रालय सरदार पटेल के अधीन था।

गांधी जी पूर्णरूप से शान्त रहे और उन्होंने मेरे तर्क को एक अद्भुत मोड़ दिया। उन्होंने मुझसे पूछा कि क्या मैं इस विभाग को नहीं सँभाल सकता। मैं

हँस पड़ा। उन्होंने मुझ पर जिम्मेदारी से दूर भागने का आरोप लगाया। तब शायद पहले की वह घटना उनके दिमाग में ताजी थी, जब उन्होंने शायद श्री नेहरू से अधिक ही स्वयं कोशिश की थी मुझे कांग्रेस का महामंत्री बनाने की। मैं एकदम से गम्भीर हो गया। मैंने गांधी जी से कहा कि वे जब इस निर्णय पर पहुँच जाएँ कि कांग्रेस-नेतागण ही देश में सबसे अच्छे लोग नहीं हैं तभी मुझे वे कोई जिम्मेदारी सौंपें। गांधी जी ने मेरी इच्छा का मजाक बनाना चाहा, उन्होंने मुझसे पूछा कि क्या मैं चाहता हूँ कि वे यह घोषित कर दें कि मैं श्री नेहरू से ज्यादा अच्छा हूँ। मैंने गांधी जी से मजाक में, लेकिन आत्मविश्वास के साथ कहा कि आपकी ऐसी घोषणा में कोई हर्ज नहीं है और कि मैं जानना चाहूँगा कि इसके विरोध में क्या उनके पास कोई प्रमाण है। फिर चुप्पी छा गई।

हमारी इस वार्ता के समय कुछ और लोग भी वहाँ थे और जहाँ तक मुझे याद आता है उनमें से कोई प्रधानमंत्री के घर का भी था। जाहिर है, उन लोगों की मौजूदगी में गांधी जी इस बहस को और आगे नहीं बढ़ाना चाहते थे। ये महात्मा, जिनसे बड़ा महात्मा पूरे इतिहास में दूसरा कोई नहीं हुआ, वह भी अपनी बातचीत में इतने आम और खुले हुए नहीं थे, जैसा कि उनके लिए माना जाता है। वे एक के बाद दूसरा किस्सा छेड़कर मुझे रोके रहे, जिससे उनके पास बैठे और लोग काफी ऊबने लगे, शाम तक, यहाँ तक कि उनके सोने जाने का समय हो गया। तब उन्होंने मुझे इशारा किया कि मैं उनके पीछे उनके सोने के कमरे में चलूँ। उन्होंने मुझसे पूछा कि मैंने उन्हें ऐसा कहते कब सुना है कि श्री नेहरू व श्री पटेल ही देश में सबसे अच्छे हैं? मैं जरूर ही थोड़ा ताव में आ गया होऊँगा और पहले तो मैंने कहा कि उन्होंने ऐसा दर्जनों बार कहा है और फिर अधिक क्रोध में आकर मैंने वह संख्या बढ़ाकर सैकड़ों में कर दी। गांधी जी ने मुझसे कहा कि मेरा दिमाग, जो पहले ठोस और एकाग्रचित्त होकर सोचने में समर्थ था, लगता है कमजोर होता जा रहा है। उन्होंने जोड़ा कि इन आदमियों को उन्होंने देश में सबसे अच्छा कभी नहीं कहा, उन्होंने सिर्फ यही कहा है कि इनसे बेहतर और कोई नहीं है।

यह वकील की बात थी या सन्त की? मैं उनसे अच्छी तरह कह सकता था कि गोलमोल भाषा बोलकर वे अपने लोगों को गुमराह होने की सम्भावना में कपटपूर्ण दुधारी आचरण कर रहे हैं और फिर तार्किक की अभेद्य बारीकी मुझ पर हॉबी हो गई और इसे कौन जानता है कि वकील की बुद्धितीक्ष्णता या तलवार की धार जैसा सत्य का पथ तेज है या नहीं? मुझे इस मुद्दे पर बहस करनी चाहिए थी। किसी आन्तरिक शील ने मुझे रोके रखा। मैं चुपचाप चला आया और उन्हें सोने जाने दिया।

मैंने कहानी का अगला हिस्सा ही बयान किया है, मात्र महात्मा गांधी के अपेक्षाकृत कम परिचित रूप को उभारने के दृष्टिकोण से, यद्यपि सत्ता-सम्बन्धी जिस बिन्दु की मैं चर्चा कर रहा था, उससे यह सीधे रूप में जुड़ा नहीं है। गांधी जी से मैंने कहा था कि मुझे पद देने की बात वे तभी करें जब वे यह सोचें कि हम लोग ही देश में सबसे अच्छे हैं या हमसे अच्छा और कोई नहीं है। अब मुझे इन दोनों इच्छाओं के बीच का फर्क समझ लेना चाहिए—देश में सबसे अच्छा होना या दूसरा कोई अच्छा नहीं। यद्यपि उस समय जब मैंने अपनी इच्छा प्रकट की तब शायद मैं नहीं जानता था कि यह दुधारी हो सकती है। उस इच्छा से मेरा क्या तात्पर्य था?

निरर्थक बातों को छोड़ दें तो उसका सिर्फ एक सम्भव अर्थ हो सकता है। मैंने सदा ही पद और सत्ता के बीच एक फर्क किया है, कभी-कभी ऐसा फर्क मैंने तार्किक बुद्धि की अपेक्षा उपज्ञा या अन्तर्ज्ञान के द्वारा ज्यादा किया है। यह मेरी मान्यता है कि पद में 'स्व' की कष्टप्रद अकीर्ति होती है और सत्ता, मेरी मान्यता है कि प्रत्येक राजनीतिक कर्म का केन्द्र-बिन्दु होती है और होना चाहिए और इसने कभी-कभी मुझे ललचाया है। बूढ़े और थके लोग पद से सन्तुष्ट होते हैं। प्रपंचहीन लोग सत्ता के अभिलाषी होते हैं। यदि अपने विश्वासों को कार्य-रूप देने के लिए वे शासन-सत्ता प्राप्त नहीं कर सकते तो वे साधारणतया हैरान नहीं होते। वे जन-शक्ति को एकत्रित करके सन्तुष्ट होते हैं, अपने विश्वासों के अनुरूप जनता में, उसकी आदत और मन और

कर्म में परिवर्तन करने से सन्तोष कर लेते हैं, इस आशा में कि शासन-सत्ता एक-न-एक दिन अवश्य ही उनके अनुरूप बदल जाएगी।

इन बातों में ठीक-ठीक निर्णय कर लेना उतना आसान नहीं है जितनी आसानी से मैंने कागज पर कर लिया है। पद और सत्ता के बीच थोड़ा सा संदिग्धस्थल हो सकता है जिसे हुनरमन्द उस्ताद उससे ऊँचे स्तर तक पहुँचने का मार्ग बना सकता है, जबकि एक शर्मीली बहू जैसा भय रखने वाला आदमी वहाँ से भाग खड़ा होगा, सम्भव है कि जब मुझे पद दिया जा रहा था तब उससे इनकार करके मैंने गलती की हो। यदि ऐसा है तो मैंने अपना ही नुकसान किया है, देश का तो नहीं के बराबर। मैं यह दृढ़ता से कह सकता हूँ कि श्री नेहरू और उनके जैसे औरों ने देश को बहुत नुकसान पहुँचाया है जब उन्होंने एका की कीमत देकर देश की आजादी को खरीदा। सत्ता पाने की सम्भावना के समय यदि ये लोग शर्मीली बहू जैसा आचरण भी करते तो देश का इतना अधिक नुकसान न कर पाते। वे इन्तजार कर सकते थे और प्रयत्न जारी रख सकते थे। दूसरी अगली पीढ़ी आई होती, जिसे जनशक्ति की वास्तविक इच्छा को कार्य-रूप में परिणत करने की असली शासन-सत्ता दी गई होती।

भारतीय राजनीति में अभी तक स्थिरता का अभाव रहा है, व आदमी का सुदृढ़ अन्तर या विश्वास, जिसे विचलित न करना असम्भव है, की भी कमी रही है। मैं नहीं सोचता कि एक राष्ट्र के रूप में, हममें हमेशा विगत में इसकी कमी रही है और भविष्य में भी रहेगी। गांधी जी में बड़े पैमाने में गजब की स्थिरता थी। वे अपने सहयोगियों और अनुयायियों में इसका संचार नहीं कर सके। इसके लिए वे जिम्मेदार थे या वह युग जिसमें वे जिए या दोनों, एक फलप्रद जाँच का विषय हो सकता है। मैं सिर्फ इतना कह सकता हूँ कि स्थिरता और सुदृढ़ अन्तर की कमी के कारण ही देश का विभाजन हुआ और यह स्थिति अभी भी चल रही है और ठीक इन्हीं कारणों से समाजवादी आन्दोलन सड़ता जा रहा है। हमारे जीवन की यह दोनों ही बड़ी दुर्घटनाएँ हैं।

मैं एक दूसरे किस्से को बयान करना चाहूँगा। मैं किसी हद तक निराश और असहाय हुआ होऊँगा, जब एक अवसर पर मैंने गांधी जी से दिल्ली से चले जाने की इजाजत माँगी, क्योंकि मेरे काम के कुछ नतीजे नहीं निकल रहे थे। उन्होंने मेरी तरफ देखा और क्षण-भर खामोश रहे, फिर मुझसे कहा कि जब कभी मैं कुछ नतीजे निकालने में सफल होऊँ तो उन्हें एक पोस्टकार्ड डाल दूँ, ताकि मैं जहाँ रहूँ वहीं वे भी मेरे पास आ जाएँ। इतने महान विश्वास, इतनी उदासीनता की निराशा और इतने अथक परिश्रम की यह कथा मैं लगभग भूल चुका था। जब कोई क्रान्तिकारी परिवर्तन करना चाहे, तब तत्काल नतीजे प्राप्त कर लेना मुश्किल होता है।

एक मानसिक स्थिति फलदायक नहीं होती, जब तक उसे परिवेश से उपयुक्त पोषण-तत्त्व न मिले। कांग्रेस के पद-लोलुप बूढ़े नेतृत्व की वैयक्तिक स्थिति से देश को कोई नुकसान न होता, यदि उसे हिन्दू-मुस्लिम दंगों की बाह्य स्थिति से सहायता न मिलती। ऐसी स्थिति में जहाँ हिन्दू-मुस्लिम रिश्ते में सौहार्द लगभग असम्भव हो गया था, सतही तौर पर कांग्रेसियों की पदलोलुपता किसी ऊँचे ध्येय से प्रभावित लगती थी। उनमें से कुछ तो शायद अपने ओछे इरादों के प्रति सजग भी न रहे हों। जब वे देश का विभाजन कर रहे थे और अपने को पदासीन करने को तैयार कर रहे थे, तो वास्तव में कर्तव्य-परायणता की चमक का ही अनुभव कर रहे थे, तब उन्हें विश्वास रहा होगा कि असम्भव हिन्दू-मुस्लिम समस्या का वे समाधान कर रहे हैं और बहुत से लोगों ने भी इस समस्या के बारे में ऐसा ही सोचा होगा। उन्होंने सोचा कि एक असम्भव समस्या का हल हो गया और आजादी की लड़ाई जीत ली गई।

हिन्दू-मुस्लिम समस्या कितनी मुश्किल हो गई थी, वह इसी बात से जाहिर होगा कि एक स्वाभाविक जिज्ञासा और बहुत लम्बे अर्से तक आजादी की लड़ाई से जुड़े रहने के बावजूद इसका पता मुझे दूसरों की सुनी-सुनाई बातों से ही लगा कि मुस्लिम लीगी अपने देश और संसार के बारे में क्या सोचते

हैं। मुझे याद नहीं कि मैं मुस्लिम लीग की किसी एक से अधिक जनसभा में कभी शामिल हुआ होऊँ। एक ही अवसर पर मुस्लिम लीग के एक सालाना जलसे में मैंने मिस्टर जिन्ना का भाषण सुना था। इस सभा ने मुझ पर गहरा प्रभाव डाला। मिस्टर जिन्ना बैठे, देखा और एक बादशाह की तरह बोले और उनके श्रोता उन्हें इस तरह निहार और सुन रहे थे जैसे वे उनके ही द्वारा चुने हुए बादशाह हैं। मैंने अपने जीवन में हिटलर की सभाओं से बढ़कर कृत्रिमता और कहीं नहीं देखी, लेकिन यह उनसे कुछ भिन्न थी। मैंने गांधी जी की सभाओं में जितनी भक्ति देखी वैसी और कहीं नहीं। पर यह उससे भी भिन्न थी। मिस्टर जिन्ना और उनकी भीड़ के बीच एक स्वाभाविक बन्धन था, जो बहुत विस्फोट नहीं था, लेकिन आसानी से तोड़ा जा सके ऐसा भी नहीं, जैसा एक राजा और उसकी प्रजा के बीच। वहाँ किसी अजनबी के प्रति एक आदिम अरुचि थी। मुझे याद है कि इस सभा में मैंने बड़ी उलझन महसूस की। मुझे देखने वालों की नजरों में जैसे कटार थी और राजनीति के प्रति अविश्वास, मैंने ऐसा ही सोचा। अलगाव और आक्रमण या भय का यह वातावरण उनमें उद्भूत हुआ या मुझमें, यह महत्त्वपूर्ण बिन्दु नहीं है, महत्त्वपूर्ण यही है कि वहाँ ऐसा वातावरण था।

इस वातावरण में मुझे कई बार मौत का सामना करना पड़ा और दूसरे करोड़ों को भी करना पड़ा और अपने देश के लाखों लोग मौत के शिकार भी हुए। वह दिन मुझे हमेशा याद रहेगा जब एक बार मैं करीबन दो घंटे के लिए मुस्लिम इलाके में रह गया था, तब संदिग्धस्थल के हिन्दू इलाके के किनारे पर सैकड़ों हिन्दू इकट्ठे हो गए थे। यह बात 1946 में कलकत्ते की है। लगभग एक वर्ष तक, धर्म के आधार पर सड़कें और मुहल्ले बँट गए थे और एक दूसरे सम्प्रदाय वालों के लिए बन्द हो गए थे। सिर्फ आधे घंटे के लिए संदिग्धस्थल पर दोनों ओर के लोगों में व्यापार होता, जब एक ओर के लोग अंडे से भरी टोकरी या ऐसी चीजें लाते और दूसरी ओर के लोग अनाज या ऐसी और चीजें। मुझे बताया गया कि दामों का निपटारा इशारे से या संदिग्ध-

स्थल के पार से जोर से बोलकर होता। एक ओर के लोग संदिग्धस्थल के आधे भाग में बढ़ आते और दूसरी ओर के लोग पीछे हट जाते। गांधी जी ने ऐसे कलकत्ते में मुझे टिकने के लिए कहा और जब मैंने उनसे पूछा कि क्या वे मुझे कुछ विशेष काम सौंपना चाहते हैं तब उन्होंने कहा कि मैं अपने मन से ही काम का आदेश लूँ, फिर चलते-चलते कहा कि यदि मैं कर सकूँ तो मुझे अपने मुस्लिम दोस्तों से उनके घरों या डेरों पर जाकर मिलना चाहिए।

जब उन्होंने यह कहा तो मैंने उनकी बात को कोई विशेष महत्त्व नहीं दिया। यह कितना आसान काम था। जब विपक्षी धर्म के लाखों लोग एक दूसरे का गला काटने पर उतारू हों, तब उनमें से कुछ लोग कभी-कभी उनके घर पर जाकर मिल लिया करें, वास्तव में इसे कोई महत्त्वपूर्ण बात नहीं मानेगा, पर ऐसे ही आसान और ठोस काम से भाईचारे का मार्ग प्रशस्त होता है, जो मनुष्य के भविष्य का निर्माण करता है, लेकिन उस समय कम ही लोग थे जो ऐसा मार्ग बनाने को उत्सुक थे, लेकिन गांधी जी की इस साधारण-सी अभिलाषा के अर्थ की अनुभूति मुझे चार या पाँच अवसरों पर हुई। मुझे वे कुछ आँखें सदा याद रहेंगी जो मुझ पर जम गई थीं, जब मैंने और बारीन घोष ने अपने एक दोस्त के घर जाने के लिए मुस्लिम इलाके में लगभग दो फर्लांग की दूरी तय की। वे आँखें हत्या की भाषा बोलती थीं। करीब एक साल से कोई हिन्दू उस इलाके में नहीं गया था। विद्वेषपूर्ण अलगाव के उस कलकत्ता में हजारों हिन्दू और मुसलमान पहले ही कत्ल जा चुके थे। मैं अपने ढंग से मुस्कराकर उनसे दिशा या मकान का नम्बर पूछने को प्रश्न करता।

जिस घर में हम लोग गए, वह मुस्लिम विद्यार्थियों का हॉस्टल था। यहाँ लगभग सभी विद्यार्थी मुस्लिम लीगी थे, उनमें कुछ अपने विभिन्न दलों के सदर या कमांडर थे। सिर्फ हमारा दोस्त ही अकेला सोशलिस्ट था। जल्दी ही हम वहाँ एक मजमे से घिर गए। उन्होंने हमें चाय पिलाई। फिर तरह-तरह के प्रश्नों से हम पर हमला बोल दिया। उन्होंने मुझसे ऐसे अटपटे सवाल

भी कि क्या मैं मिस्टर जिन्ना को ब्रिटिश एजेंट मानता हूँ? पूरी ईमानदारी से, कदम-कदम पर मौत की उस गली से गुजरने के बाद, जाहिर है मैं उन्हें एक दब्बू या मुलायम जवाब नहीं दे सकता था। उनमें से कुछ विद्यार्थी बहुत क्रुद्ध थे, लेकिन मैं उनके घर में था और इनसान पूरी तरह से अपनी इनसानियत कभी नहीं छोड़ सकता। फिर हमारे वहाँ जाने से हममें आपस में एक प्रकार का भाईचारा स्थापित हो गया था। कुछ विद्यार्थियों ने मुझसे शिकायत की कि जिस तरह मैं उनके पास आया हूँ, उनके वाइस-चांसलर या स्थानीय कांग्रेसी नेता उनके पास क्यों नहीं आए, जबकि वे उस कातिल शहर के उस छोटे से मुहल्ले में कितने दिनों से पीड़ित व परेशान थे। मैंने उनसे पूछा कि क्या वे अपनी इस ख्वाहिश के नतीजों से पूरी तरह वाकिफ हैं। वे हँसे और मुझसे बोले कि और चाहे जो हो, मैं तो जिन्दा हूँ और इसी तरह करीब दो घंटे तक बातचीत चलती रही। फिर एक स्थल पर, इसी बीच दोनों गुप्त—बालकृष्ण और अश्विनी—वहीं हॉस्टल में पहुँच गए, क्योंकि वे संदिग्धस्थल के उस छोर पर हमारे लिए चिन्तित हो रहे थे। विद्यार्थियों ने हमें अपने इलाके के छोर तक पहुँचा आने की जिद की।

गांधी जी की अभिलाषा को पूरी करने के प्रयत्न में सचीन मित्रा मरा। गांधी जी ने उससे भी वही कहा होगा, जो उन्होंने मुझसे कहा था। एक दिन, एक इलाके में कुछ मुसलमानों ने, जो ऐसे कामों को पसन्द नहीं करते थे, उसे मार डाला। सचीन एक अद्भुत व्यक्ति था। कलकत्ते के एक ही विद्यार्थी संघ में जब हम दोनों साथ थे, उसने साइमन कमीशन का बहिष्कार करने के लिए एक सभा के आयोजन में अगुआई की, बिना अध्यक्ष के नाम की घोषणा के ही। सुभाष बाबू अध्यक्षता करने वाले थे, लेकिन उन्होंने जरूरत से ज्यादा देर की और सचीन ने उनकी जगह मुझसे अध्यक्षता कराई। बाद में हम दोनों जुदा रास्तों पर चले गए, मैं जर्मनी गया और वह इंग्लैंड। मेरा विश्वास अखंड बना रहा। वह ऊपरी तौर पर कुछ समय के लिए थोड़ा बदल गया, एक तरह से फैशन में पड़ गया। उन दिनों उससे मैं परेशान हुआ, पर मुझे और अच्छी

तरह जानकारी लेनी चाहिए थी। यह जवान और साहसी आदमी फिर अपने असली रंग में लौट आया और अपने विश्वासों के अनुरूप उसने ऐसा प्रमाण दिया जिससे बेहतर प्रमाण देना कम-से-कम कोई दूसरा नहीं जानता। कभी-कभी मैं दुखी होता हूँ कि सचीन अब जिन्दा नहीं है।

अब तक सचीन के नाम का कोई स्मारक नहीं बनाया गया। इससे मेरे मन में देश-भर में हाल के वर्षों में बने अनगिनत स्मारकों के निर्माण को लेकर प्रश्न उठता है। उनमें सबसे बढ़िया कस्तूरबा स्मारक है। अभी हाल ही में मुझसे पूछा गया कि क्या इस सबसे बढ़िया स्मारक को उचित और न्यायसंगत मानना चाहिए? मैंने कस्तूरबा-सी स्नेहमयी और दयालु महिला दूसरी नहीं देखी। वे पूरी तरह स्मारक की अधिकारिणी हैं, लेकिन सवाल उठता है कि अगर वे महात्मा गांधी की पत्नी न होतीं तो क्या उनका स्मारक बनता? मैं सोचता हूँ कि क्या गांधी जी का अपनी पत्नी के सम्मान में बनाए जाने वाले स्मारक के काम में हाथ बँटाना उचित था या कि क्या उन्हें इस काम के प्रारम्भ में ही लोगों को मना नहीं कर देना चाहिए था? दूसरे भी उनके रास्ते पर चल पड़े हैं, भयानक अश्लीलता से। बड़े आदमियों के रिश्तेदारों में एक रिवाज-सी पड़ गई है कि वे अपने प्रसिद्ध व सफल रिश्तेदार के बड़प्पन में और उसके लाभ में साधिकार हिस्सा माँगते हैं और उन्हें दिया भी जाता है। मुझे ऋग्वेद की एक बात बताई गई है कि किसी भी बड़े आदमी को अपने रिश्तेदारों व बिरादरी के लिए अपने पद व सम्मान का इस्तेमाल नहीं करना चाहिए। मुझे आश्चर्य है कि क्या सचमुच ऐसी कोई ऋचा ऋग्वेद में है और यदि है तो क्या भारतवर्ष के बड़े आदमियों की ये वर्तमान आदतें संसार के सबसे पुराने और पवित्र ग्रन्थ की ऋचा से सदियों से सम्बद्ध हैं? कोई बहुत बड़ा सांस्कृतिक पुनर्गठन होने पर भी हम सचीन मित्रा, शोयेबुल्ला खाँ और गणेश शंकर विद्यार्थी जैसों लायक बन सकते हैं, जिन्होंने हिन्दू-मुस्लिम एकता की खातिर अपना बलिदान दिया। तभी हम शायद, उन्हें जहाँ जलाया या दफनाया गया, उस भूमि की एक-एक मुट्ठी मिट्टी लेकर वहाँ एक

सुन्दर और दर्शनीय स्मारक बना सकते हैं और ऐसा स्मारक जो किसी उच्च सामाजिक उद्‌देश्य से जुड़ा हो।

सन् 1946 की 17 अगस्त को चटगाँव में घटी एक घटना की चर्चा आवश्यक है। इससे पहले दिन कलकत्ता में कत्लेआम के सम्बन्ध में फैली अफवाहें और रास्ते के स्टेशनों पर मुझसे मिलने आने वाले उत्तेजित लोगों को देखकर आने वाली मुश्किलों का मुझे आभास हो गया था। चटगाँव में एक खुले स्थान में टीले जैसी एक जगह पर मेरी आमसभा होने वाली थी, मुस्लिम लीग के गुंडों ने उसे दो हिस्सों में बाँट दिया था। जिला मजिस्ट्रेट और मुख्य पुलिस अफसर, दोनों मुसलमान थे। सभी शुरू होने के कुछ मिनट पहले तक वे खुद उपद्रव के संगठन की देखभाल कर रहे थे। श्रोताओं में एक व्यक्ति कुछ अधिक आत्मसम्मान वाला था, वह गुंडों से डरकर भागा नहीं और वहीं डटा रहा और वह वहीं पर दो टुकड़ों में काट डाला गया। तीन आदमियों के अलावा सभी भाग गए। उन्होंने सुरक्षा के लिए मुझे घेर लिया। करीब पाँच मिनट तक हम वहीं डटे रहे। गुंडे भी हमसे कुछ दूरी पर डटे रहे—मैं नहीं जानता क्यों—लेकिन चारों ओर से ईंटों की बौछार हम पर होती रही। मुझे बाँह, पीठ और छाती पर कितनी ही चोटें लगीं, इतनी कि मुझे ठीक से याद भी नहीं। तब जिस बात से मुझे ताज्जुब हुआ, और आज भी है, जब कभी मैं उस घटना के बारे में सोचता हूँ कि बहुत चुस्ती और तेजी से मैं अपने सिर को ईंटों से टूटने से कैसे बचा पाया। जवानी और जीवन की लगन के मेल से ही शायद स्वत:स्फूर्ति कौशल उत्पन्न हो जाता है और वह डटा रहता है। आखिर में मुझे वहाँ से हटने को विवश किया गया और जहाँ तक मुझे याद पड़ता है मेरे साथ थोड़ी धक्का-मुक्की भी की गई। इस घटना से आज भी कभी-कभी मेरे मन में हल्का-सा अफसोस होता है कि गुंडे रुके क्यों रहे और क्यों मैं वहीं पर अड़ा नहीं रहा। वह शहर जहाँ की आबादी में सौ में अस्सी मुसलमान थे, वहीं बाद में दंगा-फसाद और लूट-पाट शुरू हो गया और आतंक फैल गया। शहर का नायब पुलिस ऑफिसर जो एक हिन्दू

था, उसने रात को मुझे अपने घर में रखकर मेरी रक्षा करनी चाही, लेकिन हम उस सत्ता की रक्षा-सहायता नहीं चाहते थे जिसका हम नाश करना चाहते थे। उस रात हमने देखा और अनुभव किया कि अल्पमत पर बड़े बहुमत का कैसा आतंक होता है। मुझ पर वहाँ की घटनाओं का गहरा प्रभाव पड़ा और मुझे याद है कि मैंने एक नाटकीय बयान दिया था कि ऐसी चीजों को अब बिलकुल बर्दाश्त नहीं किया जा सकता और इसके लिए कोई रास्ता खोजना ही होगा। हम लोग परिस्थिति की वास्तविकता को नहीं जानते थे, न ही हमारे पास उसके हल ही की कोई योजना थी। कम-से-कम मेरे पास तो नहीं ही थी। मैंने एक हास्यास्पद प्रयत्न किया, जो अब मुझे परले दर्जे की मजाकिया बात लगती है। मैंने चटगाँव शस्त्रागार पर छापा मारने वाले एक बहादुर को, जो अब सोशलिस्ट पार्टी में शामिल हो गया था, इतनी दूर दिल्ली भेजा कि वह उस आदमी से जाकर मिले जो अब देश का प्रधानमंत्री है। मैंने अवश्य ही सहज परेशानी व गुस्से में उनको लिखा होगा। मैं भूल गया था, पर मुझे अभी हाल ही में याद दिलाया गया कि उसका जवाब भी आया था। मुझे फिर से वे बातें बताई गईं जो कि मेरे दूत और श्री नेहरू और श्री आजाद के साथ त्रासजनक बातें हुई थीं।

पहले तो लगा कि श्री नेहरू ने ताव में आकर प्रतिक्रिया व्यक्त की कि क्या चटगाँव शस्त्रागार पर हमला करने वाले बहादुरों को बताना होगा कि परेशानी और संकट की स्थिति में वे क्या करें? जब मेरे दूत ने उनसे पूछा कि क्या यह उनका निश्चित उत्तर है तब श्री नेहरू ने उससे एक बार फिर बातें करने को कहा और मौलाना आजाद से भी बातें करने को कहा। पहले का शुरू का ताव तो एक तौर-तरीका, बात करने का एक लहजा, ऊपरी उबाल सिद्ध हुआ, जिससे एक गलत खयाल बन जाता है कि भीतर कुछ मजबूत और गहरी चीज है। इस शताब्दी में हिन्दुस्तान का नेतृत्व, वास्तव में गांधी जी को छोड़कर और किसी-किसी मौके पर सरदार पटेल, नेताजी सुभाषचन्द्र बोस और मिस्टर जिन्ना के सिवाय निम्न स्तर की प्रगल्भता का दोषी रहा है, अपने

ध्येय की सुविचारित स्पष्टता का अभाव और ध्येय प्राप्ति के लिए किसी सुनियोजित और व्यावहारिक योजना की शून्यता भी रही है। हिन्दू-मुस्लिम दंगे की समस्या ठीक इसी तरह की प्रगल्भता द्वारा सुलझाने का प्रयास किया गया। कोई भी मुझ जैसा आदमी ही समझ सकता है जिसके सामने हिन्दू-मुस्लिम समस्या के बारे में कोई स्पष्ट-दृष्टि नहीं थी, लेकिन उनको क्या कहा जाए जो घटना-क्रम के केन्द्र में बैठे थे और आवश्यक रूप से जिनसे यह आशा की जा सकती थी कि वे वास्तविकता को स्पष्ट रूप से जानें और उसका हल निकालें, लेकिन वे मुझसे भी गये-बीते थे और जिन्होंने न सिर्फ अपराध-पूर्ण ढंग से गलत हिसाब लगाया, बल्कि अपराधी प्रेरणा से कार्य किया। मैं किसी भी बिन्दु पर विभाजन का समर्थक नहीं था, लेकिन वे सब थे। परन्तु विरोध के तीन प्रकार हो सकते हैं : मौखिक, चुप्पीपूर्ण और कर्मशील। हमारा विरोध यद्यपि वास्तव में चुप्पीवाला नहीं था, लेकिन वह मात्र शब्दों तक ही सीमित रह गया। हिन्दू-मुस्लिम दंगे की लम्बी अवधि और असाध्य स्थिति का डर, हो सकता है, इसके पीछे रहा हो। अब मैं अपनी उस कमजोरी को याद करने की कोशिश करूँगा, जब कांग्रेस वर्किंग कमेटी की वह मीटिंग हुई थी, जिसमें विभाजन के बारे में बहस हुई थी और विभाजन योजना स्वीकार की गई थी।

विभाजन के प्रति मेरा जो विरोध था उसके साथ मेरे कुछ सुझाव भी जुड़े हुए थे, दूसरे सर्वोत्तम उपाय के लिए। राजनीति में गम्भीर और सीधा विरोध कोई बुद्धि विलास नहीं है, न ही अपेक्षाकृत छोटी बुराइयों को अपनाना ही अवश्यम्भावी अच्छाई की खुली नीति है। गम्भीर विरोधी के लिए छोटे कुकर्मों का कहीं सवाल ही नहीं उठता। उसके सामने तो मात्र बुरा और अच्छा होता है और वह अच्छे को प्राप्त करने और बुराई से लड़ने में लग जाता है। मुझे याद है कि पं. नेहरू और श्री पटेल से मेरी गरमागरम बहस हुई थी और अब मैं समझता हूँ कि अवश्य ही वह वास्तविकता से अधिक शाब्दिक रही होगी। सरदार पटेल ने मुझसे कहा कि उनके जैसे बूढ़े लोग सिर्फ मेरे जैसे जवानों को एक देश देने की कोशिश कर रहे थे जिसे बदला और सुधारा जाए। मैंने

उन्हें याद दिलाया कि यदि वे स्वातंत्र्य-संग्राम के एक सेनानी थे तो हम लोग भी उसके सिपाही थे और समानता के वातावरण में मात्र नीतियों पर बहस होनी चाहिए। श्री पटेल ने हमसे यह भी कहा कि अब आगे वे मिस्टर जिन्ना से लाठी से बात करेंगे, इस पर मैंने उन्हें याद दिलाया कि एक साल पहले उनसे उन्होंने तलवार से बात करने का वायदा किया था। मुझे विश्वास है कि श्री पटेल ठीक से समझ नहीं सके कि किन चीजों का उन्हें सामना करना है न यह कि श्री नेहरू के साथ उन्होंने जो योजनाएँ बनाई हैं उनका कितना कड़वा फल निकलेगा?

बहस के बीच किसी मौके पर मैंने दो राष्ट्र-सिद्धान्त को ठुकराने की सलाह दी और मैंने प्रखर रूप से यह भी प्रेरित किया कि हमें सदैव अविभाजित भारत की कामना रखनी चाहिए। महात्मा गांधी ने इसका समर्थन किया, जिससे श्री नेहरू ताव में आ गए। उन्हें 'एक राष्ट्र' या 'हिन्दू-मुस्लिम भाई-भाई' की लगातार रट लगाए रहना जब कि हिन्दू-मुसलमान एक-दूसरे का गला काटने को उतारू थे, यह बात असंगत-सी लगी और मिस्टर जिन्ना से लगातार बातें चलाना भी उन्हें बेकार मालूम होता था। मैंने बीच ही में टोका कि उनकी बात कितनी असंगत है। क्या अमेरिकियों में भाईचारा नहीं है या अमेरिका एक राष्ट्र नहीं है, गोया कि अनेक वर्षों तक वे आपस में युद्ध करते रहे और उत्तर व दक्षिण में सैकड़ों तथा हजारों की संख्या में एक-दूसरे को मारते रहे। श्री नेहरू जानते हैं कि हार जाने पर कैसे मुस्कराना चाहिए, लेकिन मेरे जैसे आदमी सिर्फ तर्क में ही जीत रहे थे। श्री नेहरू कमेटी की मीटिंग में जिस प्रस्ताव के मसविदे से लैस होकर आए थे और जिसे उन्होंने कई घंटे बहस हो जाने के बाद बड़े नाटकीय ढंग से सामने रखा, जब विरोध का कमजोर इरादा थक गया, जिसमें दो राष्ट्र-सिद्धान्त को ठुकराने और अविभाजित भारत के नक्शे की कामना बनाए रखने का कोई हवाला नहीं था। मैं कम-से-कम यह दावा तो कर ही सकता हूँ कि महात्मा गांधी की मदद से इस बात का उल्लेख प्रस्ताव में करा सका जिसे बाद में अखिल भारतीय कांग्रेस कमेटी ने स्वीकार किया।

प्रस्ताव को अन्तिम रूप से तैयार करने वाली प्रारूप समिति की कहानी भी मैं यहाँ बता दूँ। मैं नहीं जानता कि क्यों श्री नेहरू ने मुझे भी उस कमेटी में रखा, जिसमें श्री पटेल, श्री कृपलानी और एक अन्य शायद श्री आजाद थे। श्री नेहरू और श्री पटेल के अलावा कांग्रेस पार्टी के इन सज्जनों की भूमिका इतनी निरर्थक थी कि किस अवसर पर कौन उपस्थित था, इसे याद रखना मुश्किल होता है। आधी रात के बाद श्री नेहरू के कमरे में हमारी बैठक हुई। उन्होंने हमें कॉफी पिलाई। ये बूढ़े लोग इस समय कॉफी कैसे पी सके यह अब मेरे लिए आश्चर्य का विषय बन गया है क्योंकि मैं तो इस उमर में भी डरते हुए पी सकता हूँ। निकट भविष्य में पद-प्राप्ति की सम्भावना ने शायद कुछ लोगों को जला दिया था और शायद श्री नेहरू ने मुझे इसलिए कमेटी में रखा होगा कि उन्होंने मेरे कवच की कमजोरी देख ली होगी या इसलिए कि मैंने अभी तक उन्हें पूरी तरह अस्वीकार नहीं किया था। भारत के अविभाजित नक्शे की बात हल्की-सी बहस के बाद मान ली गई और दूसरी बातें नहीं मानी गईं। यहाँ ये लोग विभाजन की कीमत पर आजादी खरीदने की साफ नीयत के साथ आए थे और मेरे जैसे आदमियों ने अस्पष्ट संकल्प से उनका प्रतिरोध करने की कोशिश की। श्री नेहरू ने अवश्य ही मुझे भाषण और आचार दोनों में कूटनीति सिखाने की कोशिश की और मेरी कुछ बातों को इस मुद्दे पर अस्वीकार किया कि वे बातें गैर-कूटनीति की थीं। मुझे याद नहीं पड़ता कि प्रारूप समिति के किसी अन्य सदस्य ने कुछ कहा हो।

आगे हिन्दू-मुस्लिम दंगे न हों, इसलिए देश का विभाजन किया गया और विभाजन से वही इतनी अधिक मात्रा में हुआ, जिसे रोकना चाहते थे कि आदमी की बुद्धि और योग्यता से कोई भी निराश हो सकता है। छह लाख औरतें, बच्चे और आदमी मारे गए, अकसर इतना पागलपन हुआ कि लगता था कि हत्यारे लोग हत्या और बलात्कार के नये ढंग अनुभव करना चाह रहे हों। डेढ़ करोड़ लोग अपने घरों से उखाड़ दिये गए और उन्हें जीविका व आश्रय के लिए ऐसे क्षेत्रों में जाना पड़ा जहाँ अपनत्व नहीं था। जबरन व

स्वेच्छापूर्वक, समूचे इतिहास में यह शायद सबसे बड़ा देश-परिवर्तन था। आज तक कुछ लोग यह पता लगाने की कोशिश कर रहे हैं कि कौन बड़ा हैवान था, हिन्दू या मुसलमान। इस तरह की खोज अपने-आप में ही निरर्थक है। जबकि हिन्दू—सिक्खों सहित—और मुसलमान दोनों ही जुल्म के नये तरीके खोजने की कोशिश कर रहे थे, तब उनके कारनामों की खोज करना कि कौन कम वहशी था, कोई मतलब नहीं रखता। इस बारे में खोज करना कहीं ज्यादा लाभदायक होगा कि आचरण के सभ्य तरीके क्यों और कैसे टूट जाते हैं। यह सम्भव है कि बुद्धिहीन प्रकोप का शिकार बन जाने पर अधिक सभ्य समुदाय अपेक्षाकृत बड़े पैमाने पर टूटता है। आक्रोश या प्रकोप की ऐसी एक घटना मैंने विभाजन के बाद दंगों से आक्रान्त दिल्ली में देखी। शहर के मेरे दौरों के समय एक मुसलमान नौजवान मेरे साथ जाना चाहता था। आने वाली दुर्घटनाओं का मुझे पूर्वाभास था, लेकिन मेरी बुद्धि इतनी संकुचित न थी कि मैं उससे अपने ही इलाके में रहने के लिए कहता। जैसे ही हम फैज बाजार थाने के इलाके में पहुँचे, हमें मुसलमान पुरुषों, औरतों और बच्चों का एक काफी बड़ा हुजूम दिखाई दिया, जिनके चेहरों पर आँसुओं के निशान थे और वे इस तरह इधर से उधर भाग रहे थे जैसे जानवरों का कोई शिकारी पीछा कर रहा हो। थाने से करीब बीस कदम दूर पर हमने मोटर रुकवाई। वह मुसलमान लड़का अगुआई करने लगा। उस दंगाई स्थिति में, मेरी उपस्थिति से, स्पष्ट है उसमें अद्‌भुत विश्वास जागा। मैं तो जैसे पत्थर का हो गया। मैं जानता था कि स्थिति अत्यन्त खतरनाक है। साथ ही सावधानी और अटकलबाजी के द्वारा एक सिद्धान्त और स्पष्ट रूप से एक उचित काम को कुंठित करना मुझे गवारा न था। वह मुसलमान नौजवान मोटर से बाहर निकला और उसने भागने वालों को हिम्मत दिलाने की कोशिश की और उन्हें अपने घरों को वापस जाने को कहा। हिन्दू और सिक्ख सड़क के किनारे इकट्‌ठे होने शुरू हुए। यह समूची घटना अब एक नीच कृत्य के रूप में प्रकट होने जा रही थी और उस क्षण तक मैं एक लकवा मारे दर्शक की तरह बना रहा। ज्यों ही दंगाई भीड़ बढ़ने लगी, मैं

जैसे आलस से जागा, उस मुसलमान नौजवान को मोटर में खींच लिया और गाड़ी के बाहर पाँवदान पर पहरेदार की तरह खड़ा हो गया। किसी ने मेरा नाम लेकर पुकारा, लेकिन लगा कि औरों पर उसका कोई असर नहीं हुआ। बहुत से लोगों ने हाथ जोड़कर मुझे बगल हट जाने को कहा, कुछ ने बलपूर्वक मुझे घसीटने की हिम्मत भी की। इसके पहले कि कोई उस नौजवान को नुकसान पहुँचा सकता इसके पहले ही मैं पाँवदान पर अपनी जगह फिर पहुँच जाता। ऐसा दो या तीन बार हुआ। यहाँ इस बात का स्पष्ट प्रमाण मिला कि बहुत से लोग सीधे हत्या नहीं कर सकते या नुकसान नहीं पहुँचा सकते और यह भी कि सही और गलत की तमीज हो जाने पर एक चपल सजगता भी आ जाती है। अगर उस मुसलमान नौजवान को कुछ हो जाता और मैं उसको बचाने की सचमुच गम्भीर कोशिश न करता तो मेरे आत्मसम्मान का ऐसा हनन होता कि मैं उससे कभी भी उबर न पाता। थोड़ी देर बाद, एक सशस्त्र पुलिसवाला या एक फौजी मौके पर पहुँच गया और उसने बड़े कौशल से स्थिति को सँभाला। न उस नौजवान का कुछ नुकसान हुआ न मेरा, लेकिन हम दोनों ही दुर्दशा के बहुत निकट पहुँच गए थे। श्री आजाद ऐसी दंगाई स्थिति में श्री नेहरू को प्रशासकीय निष्पक्षता और साहस की बातें करते हैं। मानवता और राष्ट्रीयता की परम्परा में पले लाखों गैर-सरकारी साधारण आदमियों की अच्छाई और साहस के बारे में कहने के लिए उनके पास शब्द नहीं हैं।

एक माने में, उन दिनों हम लोग सतत दुःस्वप्न की स्थिति में ही रहे। इन उपद्रवों का पूरा कारण समकालीन न था, न ही वह साधारण या ऊपरी तौर पर राजनीतिक था। करीब आठ शताब्दियों का झगड़ा और समय-समय पर पुनर्मेल अपनी चरम स्थिति पर पहुँच गया था। हिन्दुओं ने अपने-आप को प्रतिरक्षित पवित्रता से घेर लिया था। कुछ क्षेत्रों में कभी-कभी यह घेरा ढह जाता था, लेकिन मुसलमान से रोटी-बेटी के मामले में मौलिक अलगाव बना रहा—रजवाड़ों को छोड़कर जिन्हें अपना राज्य कायम रखना था। कोई बन्धु-भाव इन अलग हुए समुदायों को बाँधे नहीं रहा। ऐसी परिवर्तन की

परिस्थिति में, जहाँ इन समुदायों की सापेक्ष स्थिति उत्पन्न होती है, वहाँ जब तक एक बहुत चालाक और निर्माणकारी नीति-विद्या न हो, तब तक झगड़ा और रक्तपात से छुटकारा पाना कठिन है। मुझे हाल ही में इसी तरह के अलगाव का एक उदाहरण बताया गया जिससे मुझे गहरा विषाद हुआ। जब पूर्वी हिमालय पार करके बर्मा और सिंगापुर के कुछ हिन्दू और मुसलमान मणिपुर भाग आए, एक मुसलमान नौजवान जो अभी तक हिन्दुओं के साथ भाई की तरह रहता और कष्ट भोगता रहा था, उसे ही करीब-करीब एक दर्जन होटलों और धर्मशालाओं में घुसने नहीं दिया गया। यही मुसलमान युवक बाद में मुस्लिम लीग में शामिल हो गया और बढ़कर केरल में लीग के स्वयंसेवकों का सरदार बन गया, हालाँकि विभाजन के बाद जल्दी ही वह फिर राष्ट्रीयता और समाजवाद का एक पक्षधर बन गया। मेरा विश्वास है कि अकेले अबू साहब का ही मन खट्टा नहीं हुआ था, चाहे वह कितना ही क्षणिक क्यों न हो, हिन्दू ने मुसलमान के साथ अलगाव किया, इसीलिए मुसलमानों का मन खट्टा हुआ और परिणामस्वरूप हिन्दू-मुस्लिम दंगे हुए और विभाजन हुआ।

हिन्दू जातियों में अलगाव के तत्त्व निश्चय ही अलग तरह के हैं और उनमें बहुत कम गहराई या कटुता होती है, लेकिन इसके पहले कि वह कोई अपूरणीय क्षति पहुँच सके भारत को उसके प्रति सचेत हो जाना चाहिए। मुझे पटना के मुगलमियाँ से विभाजन पर एक दिलचस्प नजरिया मिला, वे जाति से जुलाहे हैं, जो राष्ट्रीयता के पथ से एक बार भी कभी अलग नहीं हुए, वैसे मुसलमानों में पिछड़ी जातियाँ आमतौर पर मुस्लिम लीग से अलग ही रही हैं। दंगे की स्थितियों के अलावा वे कभी बहुत उत्साहित भी नहीं थीं और सो भी उनमें से कुछ ही। किसी-किसी अवसर पर राष्ट्रीय आन्दोलन ने पिछड़े मुसलमानों, मोमिनों को प्रोत्साहित करने की नीति को जरूर अपनाया, लेकिन यह नीति इतनी दाँव-पेच भरी थी कि सन्तोषप्रद नतीजे नहीं निकले। यदि सभी पिछड़ी जातियों, हिन्दू और मुसलमानों को जाति-प्रथा का नाश करने और बराबरी लाने की नीयत से प्रोत्साहन दिया जाता और यदि राष्ट्रीय आन्दोलन,

कम-से-कम असहयोग आन्दोलन के समय से इस नीति पर ढंग से अमल होता, तो भारत का विभाजन न होता।

अभी तक मैंने हिन्दूपक्ष की शरारत की ही चर्चा की है। हिन्दू निश्चय ही अधिक दोषी हैं, क्योंकि, वे न सिर्फ बहुमत में हैं बल्कि वे ही भारत की आकृति का निश्चय करते हैं एवं उन्हें और कहीं नहीं जाना है। उनकी सुरक्षित पवित्रता उन्हें पूरी तरह शिथिल कर चुकी है और बुरी तरह सड़ा चुकी है। जीवन के प्रति अधिक व्यापक दृष्टिकोण अपनाने पर वे शायद मुस्लिम-निष्ठा की भारतीय भावना के दंश को अलग कर सकते हैं, लेकिन हिन्दुओं को परखने में ज्यादती की गई है। श्री आजाद ने हिन्दू-संकट की एक हीन भावना-युक्त घटना का जिक्र किया है। उन्होंने भारत के पहले मंत्रिमंडल में एक पारसी को शामिल करने की जिद की थी। भारत अकसर अपनी अल्पजातियों, मुस्लिम, क्रिस्तान और पारसी की सुरम्य आखेट-भूमि जैसा लगा है और हिन्दू, जिन्हें और कहीं जाना नहीं है, कभी-कभी ऐसा लगता है, जैसे उन्हें अपने ही घर से निकाल दिया गया हो। कभी-कभी ऐसा लगा कि भारत हिन्दुओं के अलावा और दूसरे सबों का है। गहराई से देखने पर यह सही भी है। भारत के राजनीतिकों ने अब तक सचमुच देश के पीड़ित अल्पसंख्यक और हिन्दू तथा मुस्लिमों की अनगिनत पिछड़ी जातियों के हितों की रक्षा करने की चिन्ता नहीं की। उन्होंने शक्तिशालियों का अल्पसंख्यक के नाम पर हित-साधन किया है, जैसे पारसी, क्रिस्तान, मुसलमान और हिन्दुओं में उच्च जातिवालों का।

इतिहास के दुखपूर्ण अध्यायों से अनजान कोई हिन्दू जब अपनी प्राचीन मूर्तियों और भवनों को देखता है तो वह एक निरर्थक क्रोध का शिकार बन जाता है। इनमें से अनेक खंडित किये गए या अन्य धर्म के प्रयोग में लाए गए। अभी हाल ही में एक विशेष व विशिष्ट धर्म के लिए सुन्दर स्थल पर कब्जा कर लेने का एक कला-विनाशक काम हुआ, जबकि मुसलमान या क्रिस्तान के विरुद्ध क्रोध में मैं कभी सहभागी नहीं बन पाया, उनके धर्म की कुछ संस्थाओं के साथ भी मैं रागात्मक रूप से जुड़ सकने में असमर्थ रहा

हूँ। अपने पूर्वजों की सतत नपुंसकता के दुख से मैं सदा ही दबा रहा हूँ। हमें यह भी नहीं भूलना है कि अधिकांश मुसलमान पहले के हिन्दू हैं। यदि हिन्दू और मुसलमान भी भारत के इतिहास के दुखों को आपस में बाँट लें, तो वह पाप जिसके कारण विभाजन हुआ, कम हो सकेगा।

विभाजन के परिणामों का लेखा-जोखा ले सकने की अयोग्यता के कारण भारत का नेतृत्व न तो क्षमा, न ही सहानुभूति का पात्र है। जो लोग घटनाचक्र के केन्द्र में खड़े थे, उन्हें शायद हिन्दू-मुस्लिम दंगों की सम्भावना का उतना डर नहीं था कि उसके कारण विभाजन स्वीकार कर लें, जिस विभाजन के कारण तो और बड़े पैमाने पर दंगे हुए। यदि हिन्दू-मुस्लिम दंगों की वस्तुनिष्ठ स्थिति के बिना बूढ़े नेतृत्व के आत्मनिष्ठ तर्क फलीभूत न होते और यदि हिन्दू-मुस्लिम दंगों के वस्तुनिष्ठ कारण और सड़े हुए नेतृत्व के आत्मनिष्ठ तर्क का मेल न होता तो विभाजन का कड़वा फल न निकलता। पश्चात्ताप से पाप-कर्म लगभग मिट जाता है। विभाजन के पाप-कर्म से जिन लोगों की आत्मा भस्म हो जानी चाहिए थी, वे अपनी अपकीर्ति की गन्दगी में कीटाणुओं की तरह मजा ले रहे हैं। वे दुराचरण के पाताल में धँसते ही जाएँगे। यदि वे अपने पिछले कर्मों पर पश्चात्ताप कर सकें, तो वे अपने को स्वच्छ करके एक ऊँची और सार्थक स्थिति में पहुँच सकेंगे और अपनी जनता के स्तर को भी उठा सकेंगे। जनता ही पश्चात्ताप करे, न सिर्फ अपनी कमजोरियों के लिए, बल्कि उसके नेतृत्व के गुनाहों के लिए भी।

मैं किसी नतीजे वाला आदमी न था। मेरे जैसे और करोड़ों भी थे। एक तात्कालिक अर्थ में हम इतिहास की गति को बदल नहीं सकते थे, लेकिन शायद हम इसके विरोध में अपने को साक्षी बना सकते थे। आज मेरे लिए यह बड़े खेद का विषय है कि जब हमारे इस महान देश का विभाजन हो रहा था तब एक भी व्यक्ति ने उसके प्रतिकार में न जान दी, न जेल गया। मुझे इसका अत्यधिक खेद है कि भारत के विभाजन पर मैं जेल नहीं गया। हिन्दू-मुस्लिम दंगों के डर व उसकी झूठी सम्भावना से मैं इतना चौंधिया गया था कि देश

के वर्तमान व निकट अतीत के इतिहास का और मेरे जीवन का वह अत्यन्त निर्णायक क्षण था जब मैं अपने विश्वास का साक्षी बनने में असमर्थ होकर डिग गया था। इसी तरह दूसरे भी चौंधिया गए, लेकिन नेतृत्व का तो बहुत ही बुरा हाल हुआ। वह लालच में पड़ गया। वह लालच अभी भी जारी है। कई लोग मानते हैं कि विभाजन के बिना भारत में न तो स्थिरता आती न प्रगति। विभाजन के परिणाम का वास्तविक निश्चय करने के लिए स्थिरता और प्रगति की अवधारणा की बड़ी सूक्ष्मता से जाँच-पड़ताल करनी चाहिए। इस बीच इन दो स्थापनाओं को सन्देह की कोई छाया धूमिल नहीं कर सकती कि पतित हो रहे नेतृत्व के दंगाई स्थिति में कर्म के कारण ही भारत का विभाजन हुआ और उद्देश्यपूर्ण व अधिक जवान लोग भारत व पाकिस्तान के रूप में हुए हिन्दुस्तान के बँटवारे को रोक सकते थे।

तीन

इतना समय गुजर जाने पर भी भारत विभाजन की समस्या पर बिना पूर्वग्रह के विचार नहीं किया जा रहा है। भारत का विभाजन हुए बारह साल बीत गए, लेकिन, कलंकपूर्ण षड्यंत्र के बाद, या तो गहरी खामोशी होती है या मनगढ़न्त कहानी। अविभाजित भारत की दशा विभाजित भारत से बदतर होती, ऐसी कहानी गढ़ी गई है। फिर भी विभाजन की अनिवार्यता सिद्ध करने वालों के साथ सहमत नहीं हुआ जा सकता। बस उन्हें समझा जा सकता है। अनिवार्यता से इच्छा तक एक बहुत लम्बा कदम है, परन्तु जब तत्कालीन स्थिति को युक्तिसंगत सिद्ध करना होता है तब कदम आसानी से उठाया जा सकता है। वर्तमान की चालू राजनीतिक विचारधारा के अनुसार भारत का विभाजन मात्र अनिवार्य ही नहीं था बल्कि इच्छित भी हो गया था। जो हुआ, इसके सिवा और कुछ नहीं हो सकता था, बल्कि यही होना चाहिए था। ऐसी द्वन्द्वात्मक विचारधारा भौतिकवादी और आदर्शवादी, दोनों तरह के दार्शनिकों के लिए ही अजीब नहीं है, बल्कि साधारण आदमियों और उनके मामूली

नेताओं के लिए भी। आदमी आमतौर पर एक निश्चित दैनिक क्रम चाहता है और वह साधारणतया नायकों का जीवन नहीं चाहता। जिस किसी परिवर्तन को लाने के लिए वह काम करता है या उसको कुछ करना पड़ता है, उसी को वह दैनिक क्रम बना लेता है। भारत की आबादी, यहाँ तक कि उखड़े हुए करोड़ों लोगों ने विभाजन से भी एक दैनिक क्रम बना लिया है और वे अपनी वर्तमान पेचीदगियों से निकलना नहीं चाहते। दैनिक क्रम से जरा भी विचलित करने वाली चीज को आदमी की अभ्यस्त जीवन बिताने की सहज प्रवृत्ति का सामना करना पड़ता है। अभ्यस्त जीवन जब बहुत बोझिल हो जाता है तो जनता के लिए नये मार्ग के बारे में सोचने का समय आता है। यह वही पुरानी कहानी है, वे नये मार्ग सुहावने या कम-से-कम अभ्यस्त पथ से गुजरते हुए पुरानी लीक में पड़ जाते हैं।

जनता के लिए, देश का विभाजन यदि सुहावना नहीं तो एक अभ्यस्त-क्रम बन गया है। राजनीतिक मामलों पर द्वन्द्वात्मक तर्क-वितर्क में, किसी चीज से अभ्यस्त होने की आदमी की इच्छा से परिवर्तन की बहुत कुछ अनिवार्यता उत्पन्न होती है। लोग विभाजन के आदी हो गए हैं। इसीलिए वे सोचते हैं कि यह अनिवार्यता थी। अगर वे अधिक तर्क से व वास्तविकता से सोचते और वर्तमान स्थिति के पूर्वग्रह उनके तर्क के रास्ते में न आते तो वे आपत्ति प्रकट करते या कम-से-कम दुखी होते। साधारण आदमी को किसी चीज से अभ्यस्त हो जाने की इच्छा जुड़ी होती है। मामूली नेता के स्वार्थ से कि यही माना जाए कि उसने जो भी किया वह न्यायोचित और प्रशंसनीय है। इस तरह, अनिवार्यता आसानी से इच्छित हो जाती है। निहित स्वार्थ का पूरा जंगल और इसलिए, स्वार्थी लोगों की पूरी फौज बन जाती है और किसी भी मौजूदा राजनीतिक स्थिति में आराम से पनपती है। यह फौज उस स्थिति को उचित बताती है जिससे उसकी उत्पत्ति हुई है। वह अपनी स्थिति के लिए आवश्यक कारण ढूँढ़ लेती है और आगे चलकर ऐसे लाभप्रद नतीजों का आविष्कार कर लेती है जो उन कारणों के फलस्वरूप

हुए। अनिवार्यता और स्वेच्छा की भ्रान्ति में विभाजन की विपत्ति को छिपा देने के लिए अपराधी नेतृत्व के निहित स्वार्थ और अभ्यस्त जीवन बिताने की आदमी की इच्छा, दोनों मिल गए।

ऐसी भी एक दलील दी जाती है कि सरकारी नेताओं की एक-दूसरे को काट देने वाली नीतियों के कारण अविभाजित भारत प्रगति नहीं कर सकता था। यह दलील मानती है कि वर्तमान काल के भारत ने प्रगति की है, वैसी ही जैसी अन्य समान स्थिति के देशों ने की है। दोनों मान्यताओं में कोई भी उचित नहीं है। अब यह सर्वविदित हो गया है कि प्रगति का मतलब साधारण रूप में उत्पादन का बढ़ता हुआ सूचकांक माना जाता है, दूसरे देश, दोनों—पूँजीवादी अथवा साम्यवादी, समान स्थिति वाले, कहीं बहुत अधिक आगे बढ़े हैं। प्रगति का कोई दूसरा और एक अधिक उचित मतलब होना चाहिए। भारत में अकसर इस मतलब को लफ्फाजी में उड़ा दिया जाता है। इस मतलब के विभिन्न पहलुओं को अलग करके भौतिकवादी को आदर्शवादी से परस्पर जोड़ने का और उनकी आकृति का विश्लेषण करने का कोई प्रयत्न सचमुच नहीं किया जा रहा है। वर्तमान भारत के सभी बड़े विषय भावनात्मक कुहरे से ढके हुए हैं, यही वर्तमान इस बात का प्रचुर प्रमाण है कि वह देश के विभाजन के बाद जब दम्भ में गले तक नहीं डूबा रहा तब वह बौद्धिक रूप में मृतप्राय रहा। अहिंसा के अद्‌भुत राजनीतिज्ञ की हिंसा द्वारा हत्या और करोड़ों लोगों को अपने घर में सदाचार और मूल्यों से उखाड़ फेंकना, समस्त काल की दो सबसे विकृत घटनाएँ हुईं, इससे नैतिक पतन अनिवार्य था और इस पतन से कोई बहुत ही महान व योग्य नेतृत्व और बहुत शौर्य-प्रकृति वाली जनता ही देश को बचा सकती थी।

एक दूसरी मान्यता है कि अविभाजित भारत, सरकारी स्तर पर परस्पर विरोधी नीतियों का शिकार बन जाता। मुस्लिम लीग और कांग्रेस पार्टी के सहयोग वाले अल्पकालिक प्रशासन के अनुभव को इसके प्रमाण के रूप में पेश किया जाता है। वह प्रशासन एक-दूसरे की परस्पर नीतियों को काटने

में लगा था, जैसे गृह मंत्रालय एक नीति पर चलता तो वित्त मंत्रालय दूसरी पर और इसी तरह अन्य भी। इससे नेतृत्व के स्तर पर असफलता की भावना पूरी तरह हाबी हो गई और वह जनता में भी फैली। अब भी काफी लोग यह प्रमाणित करेंगे कि उन्होंने ऐसे सभी कटु अनुभवों को पीछे छोड़कर उचित किया और कि इस असाध्य भार से मुक्त आगे की पीढ़ी निर्माण कर सकेगी। ऐसी बातें करने वाले इस बात को नजर में नहीं रखते कि इस विभाजन से सीमा के दोनों ओर के लोगों पर निश्चय ही असाध्य भार पड़ा है। यह भार प्रत्यक्ष है और अप्रत्यक्ष भी। अप्रत्यक्ष भार के सम्बन्ध में मैं कुछ नहीं कहूँगा। आजादी की लड़ाई के बाद से लोगों के और विशेषकर नेतृत्व से चरित्र में आश्चर्यजनक गिरावट आई है और इस गिरावट का एकमात्र और सबसे बड़ा कारण विभाजन ही है। प्रत्यक्ष भार इतने हैं कि एक-एक कर उन्हें गिनाया जा सकता है। सुरक्षा-व्यय और कश्मीर, करोड़ों लोगों का उजड़ जाना और पुनर्वास-व्यय और ऐसे मामले जो नियमित तनाव पैदा करते रहते हैं, के कारण सीमा के दोनों बाजू बीमार और कमजोर हो गए। अब स्वाभाविक रूप से प्रश्न उठता है कि क्या वह सब कुछ किया गया जिससे यह विपत्ति न आती।

इसका निश्चित उत्तर है—नहीं। इस निश्चित उत्तर के लिए ढेर सारे प्रमाण हैं। एक छोटा-सा प्रमाण जो झुठलाया नहीं जा सकता और वह आने वाले बाकी सारे समय बना रहेगा, वह था महात्मा गांधी का खुला सुझाव कि मिस्टर जिन्ना और मुस्लिम लीग को अपने हाथों में भारतीय प्रशासन ले लेना चाहिए। यह सुझाव न तो मात्र सुझाव था न अव्यावहारिक। यह मामला आगे नहीं बढ़ेगा या उससे विपत्ति आएगी, इसका बचाव सुझाव में ही निहित था। गांधी जी ने कहा था, मुस्लिम लीग की सरकार समस्त भारत के हित में चाहे जो कर सकती है। उसे आबादी के एक तबके के हित में और बाकी के अहित में काम करने की छूट न होती। सामान्य हित और एक तबके के हित के अन्तर को समझने की बात ब्रिटिश वायसराय

के निर्णय पर छोड़ दी जाती। राष्ट्रीय नीति का ऐसा साहसिक निर्णय यदि सफल हो जाता तो भारत अविभाजित ही बना रहता और यदि यह असफल भी होता तो भी देश को जरा भी नुकसान न पहुँचता, इस बात पर गम्भीरता से विचार ही नहीं किया गया, जो इस बात का प्रमाण है कि कांग्रेसी नेतृत्व कम महत्त्व के कामों में फँसा हुआ था।

एक पूरी लीगी सरकार बनती तो विभाजन के सम्बन्ध में मिस्टर जिन्ना और उनके मुस्लिम लीगियों की हठधर्मी कम होती और उनके बारे में कांग्रेस पार्टी और हिन्दुओं की मंशा नेक है—इस भावना के प्रति वे अधिक आकृष्ट हो सकते थे और यदि ऐसा न होता तो मुस्लिम लीग की सतत हठधर्मी और कांग्रेस के त्याग से मुस्लिम जनता में निश्चित रूप से दरार पड़ सकती थी। दुर्गति और मुक्ति दोनों स्थितियों में कूटनीतिक दक्षता की इससे महत कल्पना और नहीं की जा सकती। यह एक ऐसा सवाल है कि महात्मा गांधी ने इस सुझाव को नीति के रूप में प्रस्तुत क्यों नहीं किया कि जिसके अनुरूप ईमानदारी से अमल किया जाता और जिसका उत्तर उनके चरित्र का सूक्ष्म निरीक्षण करने पर ही मिल सकता है और जो अभी तक नहीं किया गया है। मैं एक दूसरे, इतने ही बड़े सुझाव की बात जानता हूँ कि जिसके द्वारा देश के अपार हित के लिए सोशलिस्ट तत्त्वों को कांग्रेस में बनाए रखा जा सकता था। ऐसे बड़े सुझावों की सूची बहुत छोटी न होगी। गांधी जी ने कम-से-कम उनका उचित प्रचार करने की हद तक दृढ़ता क्यों नहीं दिखाई? या कि मात्र लिखित रूप में आ जाने के लिए एक चतुर व्यक्ति, एक सन्त या एक निष्पक्ष व्यक्ति के नाते ही उन्होंने ये सुझाव दिये थे? यह उनकी सनातनी पांडित्य के लिए उनकी साहसिक नीतियाँ ज्यादा भारी पड़तीं?

मैंने ऐसा भी अनुभव किया है कि गांधी जी के मुँह से कभी-कभी बड़े और निरर्थक सामान्य शब्द या योजनाएँ निकली हैं। मुसलमानों को अलिखित चेक देने की प्रसिद्ध बात, उनमें से एक है। मुस्लिम लीग की माँगों और कांग्रेस पार्टी की उन माँगों को स्वीकार करने के वायदे में हमेशा काफी अन्तर दिखाई

पड़ता था, इसीलिए लीग की किसी पिछली माँग की अपेक्षा कांग्रेस का नवीन वायदा काफी आगे बढ़कर होता था। यदि शुरू के दिनों में मिस्टर जिन्ना की किसी ठोस माँग के प्रति गांधी जी सचमुच उदार होते, तो भारत का बाद का इतिहास शायद भिन्न होता। भारतीय स्वातंत्र्य संग्राम के सन्दर्भ में और विभाजन के विरोध में गांधी जी के और साथ ही कांग्रेस के कुछ मुख्य व्यक्तियों के नेतृत्व का मूल्यांकन करने की मैं कोशिश कर सकता हूँ।

अन्य कांग्रेसी नेताओं को समझ पाना आसान है। गांधी जी की इच्छा कि मुस्लिम लीग को अकेले ही देश का शासन करने दें, उन्होंने कोई महत्त्व नहीं दिया, क्योंकि वे स्वयं शासन का व्यापार करने को अत्यधिक लालायित थे। वास्तव में वे बेशर्मी की हद तक लालायित थे। अपनी व्यक्तिगत भलाई की खातिर ही वे कुछ अधिक धैर्य रख सकते थे। उनको अधिक समय तक धैर्य रखने की आवश्यकता न पड़ती। मिस्टर जिन्ना खुद उनको अपने संग के लिए बुला लेते या यदि मिस्टर जिन्ना अहितकारी काम करने लगते तो उनको हटा देने के तरीके उन्हें मिल जाते। अपने ही किसी बड़े स्वार्थ के लिए जितने धैर्य की आवश्यकता होती है, उतना धीरज भी कांग्रेसी नेताओं में इस अवसर पर न था। यही नहीं कि उन्होंने अपने व्यक्तिगत हितों को राष्ट्रीय हितों से आगे रखा, बल्कि तात्कालिक और साधारण स्वार्थ को त्यागने की बात उठती, तो वे अपने किसी बड़े व्यक्तिगत स्वार्थ की सिद्धि के लिए भी प्रयत्न नहीं कर पाते।

यह सवाल कि हिन्दुस्तान के बँटवारे को रोकने के लिए क्या सब कुछ किया गया, से भी कहीं बड़ा सवाल यह है कि विभाजन से हुए नुकसान की पूर्ति के लिए अब क्या किया जाए? वास्तव में यह दोनों सवाल एक हद तक परस्पर सम्बन्धित हैं। विगत दिनों में विभाजन की अनिवार्यता और आने वाले दिनों में इसको बनाए रखना, एक दूसरे से बहुत कुछ जुड़े हुए हैं, जो विभाजन को मिटा देना चाहता है वह विभाजन की अनिवार्यता के प्रति सन्देह की ओर उन्मुख होगा। मानव व्यापार का ऐसा ही चरित्र है कि अच्छे-से-अच्छा वैज्ञानिक

विश्लेषण और अतीत की घटनाओं का मूल्यांकन भी कुछ हद तक अपने निजी दर्शन-ज्ञान पर निर्भर करता है। फिर भी, अतीत के अध्ययन और भविष्य के निर्माण के बीच अन्तर करना प्रायः लाभदायक होता है। जो विभाजन को अनिवार्य मानते थे, उनमें से कुछ में तो विभाजन को मिटा देने की अभिलाषा जगाई जा सकती है। काम के सम्भव तरीके की सम्भावना पर विचार करने के पहले, जो अब अपने सामने हैं, कांग्रेस नेतृत्व की तुच्छ स्वार्थ-भरी कमियों पर थोड़ा और विचार करें। नीतियों के निर्वैयक्तिक निरीक्षण से जो परिणाम निकले हैं, उनका श्री आजाद ने, कई वैयक्तिक मामलों के उद्घाटन द्वारा विस्तारपूर्वक चित्रण किया है। इस पुस्तक का अत्यधिक जबरदस्त प्रभाव पड़ता है कि उनके सहकर्मी छोटे, विद्वेषी, ईर्ष्यालु, नीच, तुच्छ और साधारण जीवन बिताने वाले आदमियों से भी कमतर थे। उनके किस्से अधिकांश में गलत हैं। वे जीवन को छोटे, विद्वेषी, ईर्ष्यालु और कुत्सित चश्मे से देखते हैं। तब क्या यह नहीं हो सकता कि वे जो कुछ दूसरों में देखते थे, वह सब बहुत हद तक खुद उनमें था और चाहे जो भी हो पर असल में कांग्रेसी नेता उतने छोटे लोग नहीं थे, जितना उन्हें उन्होंने बना दिया है। सम्भव है, ऐसा ही रहा हो। लेकिन इन कांग्रेसियों के कर्म-स्रोत में निश्चय ही बहुत कीचड़ भरा था। उनके व्यक्तिगत कार्यों का वर्णन करने में मौलाना ने अनगिनत गलतियाँ की हैं, लेकिन उनकी ओछी इच्छाओं के रूप के निर्माण की रेखाएँ खींचने में वे काफी हद तक सही हैं।

ऐसे छोटे लोग राष्ट्रीय मामलों में इतनी बड़ी भूमिका कैसे अदा कर पाए? मेरे पास कोई व्याख्या नहीं है, सिवा इसके कि युगपुरुष के वशीकरण, चमत्कार और उसके स्पर्श का इन आदमियों पर असर पड़ा, अन्यथा ये साधारण से भी छोटे आदमी हैं। दूसरी ओर गांधी जी की नीतियों के कुछ पहलुओं के प्रति या कम-से-कम उनके काम करने और संगठन के तरीकों के प्रति अब कुछ-कुछ सशंकित हो गया हूँ। इनसे ऐन मौके पर दूसरे आदमी नायक और असाधारण पुरुष बन गए, लेकिन ये रोजमर्रा के जीवन में उनकी दुष्टताओं को उभारते

से प्रतीत होते हैं। आदमी को अपने आन्तरिक जीवन पर कितनी कठोर और सूक्ष्म दृष्टि रखने की जरूरत पड़ती है, इतनी कठोर और अस्वाभाविक नहीं कि सफाई गन्दगी में बदल जाए, न इतनी खंडित कि जीवन के कुछ भाग तो पूरी तरह प्रकाशवान हो जाएँ और बाकी नरक जैसे अँधेरे में पड़े रहें। इससे सन्तुलन का सवाल उठता है तो क्या गांधी जी के काम करने के तरीकों में असन्तुलन का कोई दूषित बीज था?

मौलाना ने पूरी ताकत से अपने सम्पूर्ण विद्वेष को सरदार पटेल पर उड़ेल दिया है। यह बिलकुल स्वाभाविक था। सरदार पटेल अपने राजनीतिक उद्देश्यों में जितने असंदिग्ध हिन्दू थे, मौलाना आजाद उतने ही मुसलमान थे। इन विपरीत दृष्टिकोणों का तथा व्यक्तिगत पद और सत्ता के लिए पतित कलह का मेल हो गया। दुनिया-भर में सभी जगह इस तरह के व्यक्तिगत कलह से राजनीति दूषित हो जाती है, लेकिन इससे हिन्दुस्तान में नीतियाँ और निर्णय इतने प्रभावित हैं, जितने और कहीं नहीं। मैं समझता हूँ कि यह हमारे स्वाभाविक पुनर्जागरण का परिणाम है, जो अभी भी अपने शैशवकाल में ही है और कि इसमें बुढ़ापे के गलित स्वार्थों की प्रतिच्छाया नहीं है, जिससे हमारे देश को एक सीमा तक पीड़ित होना ही पड़ेगा। श्री आजाद और श्री पटेल की आपसी कलह उनके सहकर्मियों के सामान्य आपसी रिश्तों के अनुरूप ही है। कोई भी एक दूसरे की उन्नति नहीं देखना चाहता और सभी में तिरस्कृत होने पर प्रतिशोध की भावना आ जाती है। नरीमान, भूलाभाई और भाभा की कहानियाँ इस पुस्तक में हैं। नरीमान के सम्बन्ध में गलतबयानी की गई है, जैसे कि श्री नरीमान मात्र बम्बई शहर कांग्रेस कमेटी के अध्यक्ष थे, जबकि बम्बई प्रदेश के मुख्यमंत्रित्व के अन्तर्गत महाराष्ट्र, गुजरात और कर्नाटक के कुछ घनी आबादी वाले भाग आते। भूलाभाई कांड अभी पूरी तरह से वर्णित नहीं है और हर हालत में वह सरदार पटेल के जीवन के बनिस्बत गांधी जी के सम्बन्धों का एक भाग है। अगर भूलाभाई समझौते और जोड़-तोड़ के लिए बहुत नीचे नहीं उतरे और अगर उनके साथ अन्याय किया गया, तो दोष इसमें महात्मा गांधी का है। गांधी जी

के पथ में अच्छे और बुरे के बीच तलवार की एक धार थी और मैं इतना नहीं मानता कि उन्होंने कभी-कभी अपने सन्तुलन के लिए अपने कुछ लोगों की बलि नहीं चढ़ा दी।

भाभा कांड मूलत: ठीक है। केन्द्रीय सरकार के मंत्री नियुक्त होने के पहले तक श्री भाभा का नाम भी किसी ने नहीं सुना था, लेकिन श्री आजाद को श्री पटेल के कौशलपूर्ण शिल्प की तारीफ करनी चाहिए थी, जिससे कि उन्होंने अपनी निजी असुविधा को हित में बदल लिया। श्री आजाद केन्द्रीय मंत्रिमंडल में एक पारसी को लेना चाहते थे, इसलिए और भी कि श्री आजाद का श्री पटेल से आपसी झगड़ा था और श्री पटेल बड़े चतुर और काफी नि:शंक थे कि उन्होंने अपनी एक स्पष्ट कमजोर बात को अपने हित में बदल लिया। कोई और होता तो अपने पुत्र के व्यापार के एक साझीदार और एक बिलकुल ही अपरिचित आदमी को मंत्रिमंडल में लेने से हिचकता। अपने विरोधियों के प्रति श्री पटेल अत्यन्त व्यक्तिवादी, खूब तिकड़मी और क्षुद्र रूप में प्रतिहिंसात्मक हो सकते थे। इस बात को बताने के लिए श्री आजाद को गलतबयानी करने की जरूरत नहीं थी। श्री पटेल के नेतृत्व में गुजराती कांग्रेसियों की भीरुता, दब्बूपन और मिडिलचीपन इस बात का निर्णायक सबूत है, परन्तु श्री आजाद का विद्वेष मात्र उनके किस्सों की झूठी कसीदाकारी में ही नहीं उभरता, क्योंकि जिस किसी का भी श्री पटेल से विरोध हुआ करता था, उसी के वे झट से हिमायती बन जाते थे। श्री पटेल के विरुद्ध जो सबसे बड़ा झूठ कहा जाता है, उसका जिक्र कर देना आवश्यक है। महात्मा गांधी ने श्री पटेल को कांग्रेस अध्यक्ष की गद्दी नहीं दी थी, वास्तव में, पिछले वर्ष ही उन्होंने यह गद्दी उनको न मिलने दी थी। लाहौर कांग्रेस की अध्यक्षता के लिए, जिसमें पूर्ण स्वतंत्रता का प्रस्ताव पास हुआ था, श्री पटेल ने श्री नेहरू से अधिक वोट पाए थे, पर गांधी जी ने उन्हें अपना नाम वापस लेने को विवश किया था। विशेषकर निज के पद और पसन्दगी के मामले में कहाँ गांधी जी मनाते थे और कहाँ दबाते थे, इसका निश्चय करना कठिन है।

एक और बात बताए बिना मैं पटेल-कांड को खत्म नहीं करना चाहूँगा। श्री पटेल सम्भवत: उतने ही छोटे, व्यक्तिवादी और प्रतिहिंसात्मक थे, जितने कि श्री आजाद या नेहरू, लेकिन वे इनसे कहीं बेहतर धातु के बने थे। कौशल-विद्या के क्षेत्र में उनके विस्तार का कोई मुकाबला न था। जहाँ उनका तुच्छ 'स्व' जुड़ा न होता, वे सम्पूर्ण कौशल और साहस के साथ काम करते थे, जैसा कि उन्होंने देशी राज्यों के मामले में कर दिखाया। अपने-आप में उनका यह काम शायद उतना उल्लेखनीय न था। उनकी टक्कर किसी खास चीज से नहीं हुई। रजवाड़े पतित थे, लेकिन जब मैं सरदार पटेल को छोड़कर कांग्रेस के बाँझ नेतृत्व के सम्बन्ध में सोचता हूँ, तो निश्चित ही मैं यह नहीं समझता कि श्री नेहरू या श्री आजाद इस काम को कभी कर पाते। अपने सहकर्मियों के बौनेपन के कारण श्री पटेल इतने अतुलनीय लम्बे लगते थे, अपनी उपलब्धियों के लिए नहीं जो कठिन या असाध्य नहीं था। साधारण समय की औसत प्रतिभा में श्री पटेल के कौशल और साहस का कोई खास उल्लेख न होता, लेकिन हमारे जीवन के पिछले ग्यारह साल अधोगति और मर्यादाहीनता के दु:स्वप्नों में बीते हैं।

श्री आजाद को श्री राजेन्द्र प्रसाद के विचारों में विशिष्टता कभी दिखाई पड़ी है। श्री राजेन्द्र प्रसाद के बदलते रहने वाले दृष्टिकोणों के सम्बन्ध में बहुत कुछ कहने की जरूरत नहीं थी, क्योंकि राजनीतिज्ञों का सामान्य रवैया एकरूपता के लिए खासकर उल्लेखनीय नहीं होता, लेकिन यह विशेष कमी असंगति से कहीं अधिक है और आदमी के चरित्र को बुरी तरह कलंकित करती है। श्री राजेन्द्र प्रसाद ने लगभग पूरी तरह अहिंसा का ही पक्ष लिया और गत महायुद्ध के सन्दर्भ में वे पलटन से कोई मतलब नहीं रखना चाहते थे और न ही ब्रिटेन से किसी प्रकार का समझौता ही करना चाहते थे। बाद में उन्होंने अमिश्रित हिंसा का पक्ष लिया और विभाजन के सन्दर्भ में भारतीय सेना का भारत व पाकिस्तान के बीच अविलम्ब बँटवारा कराना चाहा था। दूरी के, और अपने से सम्बन्ध न रखने वाले मामलों को छोड़कर, जो

मामले उनके मतलब के नहीं होते थे, उनके प्रति उनका हृदय विशाल था, लेकिन जो मामले उनके तत्काल महत्त्व के होते, उनके प्रति वे संकुचित एवं स्वार्थी दृष्टिकोण अपना लेते थे। इससे भी ज्यादा व्यक्तिगत विवरण की बात बताकर मैं श्री आजाद की, मन के इस बिखराव वाली बात का समर्थन करना चाहूँगा। चम्पारन में नील की खेती के मालिकों और अंग्रेज जमींदारों के विरुद्ध और अपने श्रम का फल प्राप्त करने के किसानों के हक के पक्ष में गांधी जी के साथ श्री राजेन्द्र प्रसाद भी लड़े, यहीं भारत भूमि पर सिविलनाफरमानी का पहला प्रयोग हुआ था। इसके बीस साल बाद, उन्होंने चम्पारन की उसी उर्वरा भूमि को अपने बेटों को हथिया लेने दिया—साधारण खरीदी के माध्यम से नहीं, बल्कि राजनीतिक सरपरस्ती के परिणामस्वरूप। गांधी जी के पंथ को मानने वाले ऐसे आदमी बड़ी आसानी से अपने दिमाग को सगुण और निर्गुण जैसे दो हिस्सों में बाँट लेने में सफल होते हैं, दूसरों के लिए बड़े-बड़े कठोर सिद्धान्तों का कठोर चौखटा और अपने लिए खिंचने व घटने-बढ़ने वाला तथा अस्पष्ट मूल्य का चौखटा। वे यह भी खूब अच्छी तरह जानते हैं कि इन दोनों दिमागी हिस्सों को सतर्कतापूर्वक कैसे अलग-अलग रखा जाए और एक हिस्से की माप तक दूसरे हिस्से के वस्तुवादी दृष्टिकोण में घुलमिल न सके।

श्री आजाद ने कांग्रेसी नेतृत्व में गांधीवादियों और गैर-गांधीवादियों में स्पष्ट अलगाव करके, उनके सम्बन्ध में काफी कुछ मर्मस्पर्शी बातें कही हैं और जब वे गैर-गांधीवादियों की बात करते हैं तब स्पष्ट रूप से उनके दिमाग में शायद उनका अपना और श्री नेहरू का नाम रहता है। वे गांधीवादियों को निरर्थक व प्रभावहीन समझकर अस्वीकार कर देते हैं। वे अपने गुरु से ही सम्पूर्ण जीवन-शक्ति की साँस प्राप्त करते रहे और उससे हटकर उनका कोई अस्तित्व न था। काश, यह बात सचमुच सच होती! यदि सचमुच श्री पटेल व श्री राजेन्द्र प्रसाद अपने गुरु की छाया बन पाते तो राष्ट्रीय चरित्र का इतना घोर पतन न होता और न ही यह विभाजन होता। दूसरे अर्थों में श्री आजाद

सही हैं। ये गांधीवादी न अन्ध-अनुयायी थे न टीका-आलोचना करने वाले अनुयायी। वे अपने गुरु या नेता पर पूरी तरह बोझ बने लदकर चलना चाहते थे और उनकी बैसाखी के बिना चलने में समर्थ भी नहीं थे। उन्होंने अन्तिम सार्वजनिक अवसर पर उनके साथ विश्वासघात किया और इसके पहले निजी व गुप्त अवसरों पर न जाने कितनी बार उनको धोखा दिया, पर गैर-गांधीवादियों की भीड़ और भी कुत्सित थी। ऐसा लगता था कि उन्होंने हर समय दो विरोधी पक्षों के बीच समझौता कराने, निर्दलीय बने रहने और बीच के रास्ते वाला धन्धा ही अपना लिया है। श्री आजाद ने बताया है कि वे और श्री नेहरू ऐसे निर्दलीय थे कि सदा-सर्वदा समझौते कराने के लिए तत्पर रहते, सद्‌भावना बनाए रखते और समूची फौज को साथ लेकर चलते। वे सोचते थे कि इससे उनको दृष्टिकोण की आजादी मिली। एक हद तक यह शायद ठीक भी रहा हो, लेकिन वह हद तो एक फेरीवाले, एक दलाल की या एक दूत की ही थी। निश्चित रूप से यह हद रचनात्मक राजकौशल की नहीं थी। हर बड़ी समस्या पर, जब ये गैर-गांधीवादी गांधी जी से मतभेद रखते थे, कम-से-कम बाद के वर्षों में, तब ये न सिर्फ गलत ही थे, बल्कि निश्चित रूप से प्रतिक्रियावादी भी थे और राष्ट्रीय प्रगति के रोड़े भी। समझौतावादी व्यापार से ऐसा लगता है कि उनका विरोधवादी चरित्र कुंठित हो गया था, यदि मूलतः कभी उनमें ऐसा चरित्र था तो, पर इस व्यापार से इनको बड़े व्यक्तिगत फायदे मिले। विपक्षी दलों के बीच समझौता कराने के व्यापार में ये लगभग हमेशा ही ऊँचे पद झपट लेते थे, जैसे सामान्य अवधि से अधिक समय तक अध्यक्ष पद पर बने रहना। यदि समझौतावादी फायदा उठाता है, तो उससे हमेशा सशंकित व सतर्क रहना चाहिए।

सबल एक व्यक्ति जिसे मौलाना आजाद छोटी बुद्धि का होने के आरोप से बरी करते हैं, वे हैं श्री नेहरू और एक हद तक महात्मा गांधी। श्री आजाद के कथनानुसार श्री नेहरू ने कभी विद्वेष या जलनवश कोई काम नहीं किया। जब भी वे कभी गलत हुए, उसमें उनसे चारों ओर का प्रभाव ही था। माउंटबेटन के

प्रभाव के बारे में लिखा गया है और खलीकुज्जमां के साथ विश्वासघात करने के कारण को टंडन का प्रभाव बताया गया है, जो निश्चय ही सरासर सफेद झूठ है। श्री नेहरू ने मिस्टर खलीकुज्जमां को इसलिए बीच में ही छोड़ दिया कि उन्हें कांग्रेस का सम्पूर्ण बहुमत मिल गया था। श्री आजाद ने श्री नेहरू का चित्रण एक मनोवेगी, उदार, एकाग्र विचारक और बुरे असर के कारण भटक जाने वाले आदमी के रूप में किया है। बलि के बकरों वाला यह सिद्धान्त श्री नेहरू के लम्बे सार्वजनिक जीवन की एकमात्र अटूट ढाल रहा है। बराबर ही या तो किसी ने उनको सही काम करने से रोका या किसी दूसरे ने उनको गलत काम करने को उकसाया। बाद में शोध करने वाले पता लगा सकेंगे कि इसके पीछे धोखे की एक बड़ी टट्टी थी और प्रचारकों की एक पूरी फौज; विशेष रूप से तथाकथित वामपंथी संस्थाएँ जो सदा ही श्री नेहरू को रोकने वाले या उनको गलत मार्ग दिखाने वाले का नाम बताने में व्यस्त रहीं। संसार के इस बेजोड़ राजनीतिक और बचाव के लिए कभी न खत्म होने वाले बलि के बकरों का दल तैयार कर लेने की कला में दक्ष श्री नेहरू की अकसर मैंने प्रशंसा की है। बचाव के लिए तैयार एक बकरे के कमजोर होने या उसे बलि पर चढ़ा देने से पहले ही दूसरा तगड़ा बकरा तैयार हो जाता है। चेट्टी, वाजपेयी, देशमुख, पटेल और टंडन, और अब पन्त एवं देसाई हर कोई बारी-बारी से, पटेल और टंडन को छोड़कर सबके सब उनके मोहरे, लेकिन हरेक उनके पाप के बैरी और मौके पर उनको बरगलाने वाले—बस यही कहानी है, चाहे जो भी पढ़ ले। श्री आजाद ने जो रहस्यमयी कहानी बताई है, उसके खलनायक का, किसी खास व्यक्ति का नाम नहीं लिया है, लेकिन उस कहानी के बावजूद उसकी किस्सागोई से श्री नेहरू के न केवल छोटेपन, विद्वेष और जलन का बल्कि उनके महान कौशल का भी थोड़ा ज्यादा ही उद्घाटन हो जाता है।

एक समय श्री आजाद ने एक बड़े कमाल का काम किया था कि उन्होंने पंजाब यूनियनिस्टों को, जिनमें से कई मिस्टर जिन्ना से जुड़े हुए थे, कांग्रेस के

साथ मिली-जुली सरकार बनाने के लिए राजी कर लिया था। बहुत से लोगों को यह एक महत्त्वपूर्ण उपलब्धि लगी थी। वे ही इसकी निन्दा कर सकते थे या उसे महत्त्व न देते, जो शुद्ध क्रान्तिकारिता या धैर्य के साथ सार्वजनिक कार्य में लगे रहने का मार्ग अपनाते। निश्चित रूप से श्री नेहरू उनमें से एक न थे, लेकिन मौलाना की इस उपलब्धि ने उन्हें बड़ा यश दिया। उन्होंने इस किताब में यह सब लिखा है कि कैसे रास्ते के स्टेशनों पर भीड़ बहुत बढ़ गई, कैसे अखबारों ने उनको एक बड़ा व्यूह रचना-कुशल और राजनीति-कुशल बताया और कैसे हर जगह के कांग्रेसियों ने उनसे इसरार किया कि कांग्रेस पार्टी में पूरी तरह वे अपना वजन डालें। श्री आजाद बताते हैं कि श्री नेहरू ने पंजाब की उनकी इस उपलब्धि का विरोध यह कहकर किया कि यह कांग्रेस नीति के विरुद्ध पड़ता है, लेकिन झट से यह भी कह देते हैं कि ऐसा श्री नेहरू ने जलन की वजह से नहीं किया था। बुरे प्रभाव का सिद्धान्त फिर यहाँ उपस्थित होता है। ये बुरे प्रभाव वास्तव में श्री नेहरू को यही तो कह सकते थे न कि बहुत तीव्र गति से आगे बढ़ने वाले श्री आजाद उनके प्रतिस्पर्धी हो रहे हैं, लेकिन श्री आजाद ऐसा नहीं कहते। वे जो नतीजे निकालते हैं, उसी के विपरीत वे कहते हैं। वे इस हद तक गन्दी प्रेरणा से कहते हैं कि उनको पंजाब की उपलब्धि के बाद कांग्रेस कार्यकारिणी की बैठक हुई थी उसमें श्री नेहरू ने हर मामले में उनका विरोध किया। मैं नहीं कह सकता कि शैली की फिसलन से यह खास वर्णन बेमतलब हो गया। जैसा भी वह है, उसका सिर्फ एक ही मतलब हो सकता है। श्री नेहरू द्वारा श्री आजाद का विरोध सिर्फ मिली-जुली सरकार के मामले तक ही रहा होगा, अगर श्री नेहरू किसी मतलब या सिद्धान्त को आगे बढ़ाना चाह रहे होंगे, तभी उन्होंने ऐसा किया होगा। उनका विरोध सामान्य था। जलन से उबलता आदमी ही वैसा कर सकता है। एक ही विश्वास रखने वाले दल में, एक आदमी सिद्धान्त के लिए दूसरे आदमी के किसी कर्म या वाणी का विरोध करता है, विद्वेष के कारण वह दूसरे व्यक्ति का और उसकी प्राय: हर बात व काम का विरोध करता है। विद्वेष और

प्रतिद्वन्द्विता का खुलकर प्रदर्शन करने के बाद जो अवश्य ही आदर्शवादिता के दुशाले से लिपटा रहा होगा, श्री नेहरू बड़ी शराफत से पीछे हट गए। यह इसलिए हुआ, क्योंकि महात्मा गांधी ने श्री आजाद की ओर से एक जोरदार दलील दी थी। श्री नेहरू जानते थे कि सामना तगड़ा है। दूसरे दिन सवेरे वे श्री आजाद के पास गए और अपनी सफाई दे दी। श्री नेहरू में यही एक बड़ा गुण है। वे बहुत आकर्षक और उदार बन जा सकते हैं। वे देश में किसी भी अन्य व्यक्ति से अधिक ही यह जानते हैं कि अपने व्यक्तिगत स्वार्थों और अपने रिश्तेदारों व दोस्तों के स्वार्थों को कैसे साधा जाए, साथ ही यह भी कि दुश्मन का बरबादी की हद तक कैसे पीछा किया जाए। अपनी लालसा और अपनी कलह को अदृश्य कर देने के लिए वे ऐसा मायाजाल फैलाते हैं कि दूसरा उनको छू तक नहीं पाता।

मैं अपने ही एक और व्यक्तिगत अनुभव की अवश्य चर्चा करूँगा, यद्यपि यह मात्र ढाँचा ही है। मैंने गांधी जी से पूछा था कि यदि दंगाग्रस्त दिल्ली के हिन्दुओं, मुस्लिमों और सिक्खों के प्रतिनिधियों की एक सभा बुलाई जाए तो क्या वे उसमें शरीक होंगे? ऐसी किसी सभा के लिए शहर की कांग्रेस पार्टी के अन्तर्गत होना ही मुझे स्वाभाविक लगा। उस समय शहर कांग्रेस का एक पदाधिकारी सोशलिस्ट पार्टी का सदस्य था और उसी ने निमंत्रण भेजने का जिम्मा लिया। दो हफ्ते से अधिक हो जाने पर भी कुछ नहीं हो सका। खीज और तकलीफ से मैंने गांधी जी से कहा कि अब कांग्रेस पार्टी के द्वारा कोई अच्छा नतीजा नहीं निकल सकता और सभी अच्छे आदमी सड़ जाएँगे, यदि वे इस पार्टी के कर्णधार बने रहे और मैंने उदासीनता से जोड़ दिया कि यदि वे चाहें तो मैं सोशलिस्ट पार्टी के तत्त्वावधान में सभा की व्यवस्था कर सकता हूँ। गांधी जी ने अपनी प्रतिक्रिया से मुझे आश्चर्य में डाल दिया। उन्होंने कहा कि जहाँ तक अच्छे काम का ताल्लुक है, माध्यम से कुछ खास मतलब नहीं और वे जहाँ भी मैं चाहूँगा जाएँगे। सोशलिस्ट पार्टी इस काम में आगे बढ़ न जाए इस डर से शहर कांग्रेस पार्टी ने मुझे भरोसा दिया कि वे अब फुर्ती से

काम करेंगे। मीटिंग के ठीक पहले जो कुछ हुआ वह सब एक अपराध-कथा जैसी बात है। माइक्रोफोन की व्यवस्था गड़बड़ हो गई। कुछ बड़े दैनिक समाचार-पत्रों ने पहले से ऐसा प्रचार किया जैसे प्रतिनिधियों की यह छोटी-सी सभा कोई जनसभा के रूप में होने जा रही हो। किसने किया यह सब? क्या यह सब मुझे अपमानित करने को किया गया? या कांग्रेस पार्टी के कुछ ऐसे सरकारी लोग थे जो मेरे प्रयत्नों को विफल करना चाहते थे? इस बात से मुझे सबसे अधिक आश्चर्य हुआ कि अपने इरादों और स्वार्थ की खातिर गांधी जी के चेले अपने गुरु को इतनी तकलीफ पहुँचाने में भी नहीं सकुचाए और बड़ी तादाद में उपस्थिति वाली सभा को चार घंटों से भी अधिक देरी तक बिना माइक्रोफोन के चला सकने में गांधी जी को कितनी तकलीफ हुई, जबकि वे हाल ही की एक बीमारी के बाद स्वास्थ्य लाभ कर रहे थे। मैं मीटिंग के पहले ही गांधी जी के पास भागा-भागा गया था और समाचार-पत्रों के प्रचार की दुर्गति का किस्सा उन्हें बतलाया था, लेकिन वे कितने सहानुभूतिपूर्ण थे और उन्होंने मुझसे कहा कि सभी अच्छे कामों में इस तरह की दिक्कतें पैदा कर दी जाती हैं।

एक मजेदार स्थिति पैदा हो गई। बगल के बड़े कमरे में यह सभा हुई क्योंकि ठीक उसी समय गांधी जी के अपने कमरे में कांग्रेस कार्यसमिति की बैठक होने वाली थी। मैंने गांधी जी को इसकी सूचना देकर सतर्क कर दिया था, लेकिन शायद वे भी कांग्रेस कार्यकारिणी को बेवकूफ बनाना चाह रहे होंगे, यद्यपि निश्चित ही मेरे तरीके से नहीं। मैं स्वाभाविक रूप से अत्यन्त प्रसन्न हुआ, कि उस नासमझ और दगी संस्था के साथ ऐसा खेल खेल सका। उस प्रतापी संस्था के सदस्यों को ठंडा पेय पिलाकर गांधी जी के आदेशानुसार तृप्त किया गया और कहा गया कि उनके बिना ही वे अपना काम चलाएँ। पर वास्तव में गांधी जी के बिना उनका काम चलना ही नहीं था और गांधी जी को अपने बीच बुला ले जाने के असफल प्रयासों के बाद, एक घंटे से ज्यादा ही इन्तजार करके वे लोग एक-एक करके चले गए। जाने के पहले श्री पटेल

और श्री आजाद मेरी सभा में आए, आधे घंटे के करीब गांधी जी के निकट बैठे रहे, लेकिन एक शब्द भी नहीं बोले। श्री नेहरू अकेले सभा के अन्त तक बैठे रहे। वे पीछे एक कोने में बैठे रहे और एक शब्द भी नहीं बोले। सभा अनिश्चयकारी हुई। इसमें कोई निर्णय नहीं लिया जा सका, क्योंकि किसी मामले पर मतैक्य न था। सभा के प्रारम्भ में एक समय मैंने गांधी जी से पूछा कि क्या कोई प्रस्ताव तैयार करना होगा? उन्होंने कहा कि परेशानी की जरूरत नहीं क्योंकि एक प्रस्ताव लिखने में कुछ मिनटों से ज्यादा नहीं लगता, असल चीज है चर्चा का रुझान।

इस तरह की सभा, यद्यपि इसमें कोई निर्णय नहीं हुआ, दंगे से ग्रस्त दिल्ली में हुई, अपने-आप में एक महान उपलब्धि थी। जब सब काम पूरा हो गया, कमरे में सिर्फ हमीं दोनों अकेले रह गए और हम दोनों ही एक-दूसरे की ओर बढ़े! प्रधानमंत्री ने मुझसे कहा कि मैं बहुत चालाक बनता जा रहा हूँ। आज तक मैं नहीं समझ पाया कि यह कहने से आखिर उनका मतलब क्या था। उन्होंने मेरे चेहरे पर खीज और क्रोध को जरूर भाँप लिया होगा और मेरे तैश भरे सवाल, कि उनका मतलब क्या है, का उत्तर न देकर टाल गए और मेरे गले में प्रेम से हाथ डाल दिया। काश मैं भी जरूरत पड़ने पर ऐसे तरीके अपनाना सीख सकता! उन्होंने इच्छा व्यक्त की कि मैं जहाँ जाना चाहूँ, वे मुझे पहुँचा देंगे। मैंने उन्हें दरवाजे तक पहुँचाकर नमस्कार किया। मैंने अपने सारे जीवन में कभी नहीं जाना कि अपने व्यक्तिगत हितों को कैसे साधूँ? और न मैं यह जानना ही चाहता हूँ। मैंने कभी-कभी गुस्सा, खुशी या खीज से उत्पन्न मनोवेग से और तिरस्कार या शरारत की मंशा से भी काम होंगे और अपनी बात मनवा लेने और दूसरे का यथास्थान रख सकने के। एक चालाक प्रधानमंत्री को यथास्थान रख सकने से बढ़कर आनन्द और कोई नहीं। गांधी जी के आदेशानुसार दंगे से त्रस्त शहर में अपना काम करते हुए मैं भी इन फूले हुए मंत्रियों और नेताओं से चिढ़ या द्वेष-भाव से प्रेरित हो सकता था। लेकिन मैं अपने किसी हित साधने में नहीं लगा था। मैं तो केवल

हिन्दू-मुस्लिम अमन की कामना रखता था, लेकिन प्रधानमंत्री ने मुझमें कुछ चालाकी देखी क्योंकि वे खुद जिस काम को नहीं कर सके थे, उसे मैंने कर दिखाया था। वे केवल अपनी शक्ल में ही सारी दुनिया देख सकते थे। लेकिन अगर घटनाएँ दूसरे ढंग से घटतीं, तो कौन जानता है कि उनकी शंका ठीक नहीं हो सकती थी। अगर गांधी जी कुछ बरस और जिन्दा रहते, तो शायद मैं भी घटनाचक्र के संयोग से वह हासिल कर पाता, जो कुछ लोगों को मेरा व्यक्तिगत स्वार्थ प्रतीत होता।

मौलाना आजाद ने अपने समकालीनों में आध्यात्मिक अभाव का उल्लेख करते हुए गांधी जी को भी थोड़ा रगड़ा है। उन्होंने श्री जिन्ना के पीछे-पीछे भागने और तारीफ द्वारा उनकी चिरौरी करने को गांधी जी की आदत की छानबीन की है। मैं यह नहीं कह सकता कि श्री आजाद के पास शिकायत की गुंजाइश नहीं है। वे, निश्चय ही राजनीति के स्तर पर बकवासी हैं। वे बढ़िया मुसलमान थे न कि मिस्टर जिन्ना। इससे भी आगे, गांधी जी ने हमेशा ही राष्ट्रवादी मुसलमानों की अगुवाई के लिए किसी और को चुना; एक समय में अली-बन्धु थे और फिर डॉक्टर अंसारी थे। श्री आजाद तार्किक व्यक्ति थे, गांधी जी को भावुक आदमियों की दरकार थी। यद्यपि यह ऐसा झगड़ा है, जिसे हम गांधी जी और मौलाना के लिए छोड़ दे सकते हैं। मैंने सुना है कि श्री आजाद के संस्मरणों के तीस अप्रकाशित पृष्ठ अधिकांश में इसी झगड़े से सम्बन्धित हैं और इनमें मौलाना ने गांधी जी पर यह आरोप लगाया है कि वे आध्यात्मिक अभाव से पीड़ित होने के कारण मिस्टर जिन्ना के पीछे दौड़ते फिरते थे। क्या मौलाना का यह इशारा है कि गांधी जी मुसलमानों के प्रति अन्यायी थे, इसलिए मिस्टर जिन्ना के प्रति उदार बनने की उन्होंने कोशिश की? या कि उन्होंने मिस्टर जिन्ना से प्रति गांधी जी के रुख को उनके अन्तर्मन से जोड़ने की कोशिश की है? इस प्रकार के सभी प्रयत्न, यदि किये गए हैं, तो बेकार हैं। कुछ परिस्थितियों में महात्मा गांधी जी की बहाव की प्रवृत्ति, चीजों को अधिक रूप में करने या अधिक बोलने की ओर झुकाव वाली बात ही ठीक

हो सकती है। ऐसी हालत में वे खुशामद करते या प्रशंसा करते से प्रतीत होते हैं। उन्होंने शायद ऐसा इसलिए किया कि वे चाहते थे कि जनता पर उनके नेतृत्व का अधिक बोझ न पड़े और इसलिए भी कि उन्होंने सोचा होगा कि जनता आसानी से बिचक जाती है या अस्थिर मन की होती है और उस बोझ को उठा नहीं सकती। इस पर पुनर्विचार करने पर मैं यह कह सकता हूँ कि इस तरह की बहाव की प्रवृत्ति, चाहे वह ब्रिटिश के प्रति हो या मुस्लिम लीग के प्रति या किसी अन्य विरोधी के प्रति, कमतर आदमियों को दोरंगे और झूठे चरित्रवाला जरूर बना देती है।

मौलाना अपना सबसे ओछा वार खान अब्दुल गफ्फार खाँ पर करते हैं बिस्कुट वाली कहानी पर मुझे सन्देह है। यदि कुछ पठानों ने मौलाना से बताया कि खान बन्धुओं ने खुद बिस्कुट खाए और उन्हें एक भी नहीं दिया गया तो यह बात सरासर झूठ थी। ऐसी घटना यदि हुई भी होगी तो सीमान्त गांधी ऐसे अवसर पर उपस्थित नहीं रहे होंगे। यदि वे रहे होंगे तो उन्होंने इस पर जरूर ध्यान दिया होगा कि उनके मेहमानों को वह मिले जो उन्हें चाहिए और वे क्या दे सकते हैं। गांधी जी के एकमात्र सच्चे और महान अनुयायी खान अब्दुल गफ्फार खाँ के प्रति मौलाना आजाद की निरन्तर और बिलकुल बेबुनियाद कटुता का कारण मैं समझ नहीं सका। खान बन्धुओं का प्रभाव कम होने की बात कहने का अवसर भी श्री आजाद ने निकाल लिया है, जैसे गांधी जी के अलावा इन दूसरे कांग्रेस नेताओं का भी अपना कुछ असर था। खान बन्धुओं के विरुद्ध मौलाना आजाद एक ही उचित बात कह सके हैं और वह यह कि सीमाप्रान्त के मंत्रिमंडल और प्रशासन में उन्होंने अपने कई रिश्तेदारों को भर दिया था। ऐसा कहा जाता है कि सीमान्त गांधी ने इसका विरोध किया था, लेकिन इतना ही काफी नहीं है। उनको इस पर अड़ जाना चाहिए था। क्या खान अब्दुल गफ्फार खाँ जैसे आदमी अन्याय के सम्मुख झुक जाते हैं? पर एशिया के बड़े-से-बड़े आदमियों को भी यह सीखना अभी तक बाकी है कि अपनी राजनीतिक सफलता का फायदा वे अपने परिवार वालों, रिश्तेदारों

और दोस्तों को न उठाने दें। श्री आजाद और उनके दूसरे सहकर्मियों ने खान अब्दुल गफ्फार खाँ के साथ जो कठोर व्यवहार किया है, वह अपने-आप को याद दिलाने का अपना ढंग हो सकता है कि विभाजन को स्वीकार करने में उन्होंने कोई पाप कर्म नहीं किया।

चार

भारत के विभाजन को आसानी से खत्म नहीं किया जा सकता। अनेकों विपरीत नीतियाँ और बहुत से परस्पर विरोधी हित बताए जा रहे हैं, जिनके कारण दोनों देशों का पुनर्मेल नहीं हो सकता। फिर भी एका की समस्या इतनी असम्भव नहीं है, जितनी वह ऊपर से दिखाई देती है। कुछ भी हो, ये दोनों देश तभी तक अलग-अलग रूप में बने रह सकते हैं यदि वे परस्पर सौहार्द और स्नेहभाव स्थापित न कर सकें। पिछले तेरह वर्षों के लगातार तनाव को सामान्य अवस्था नहीं मानना चाहिए। यद्यपि यह तनाव चार या पाँच मैत्रीपूर्ण बढ़ावे के अवसरों पर टूटा है। तनाव की यह स्थिति यदि इतने समय तक बनी रही तो इसका पहला कारण यह है कि यह तनाव अधिकांश समय निष्क्रिय रहा और यह भी कि दोनों में से कोई भी देश शक्ति अर्जित करना शुरू नहीं कर सका। एक-न-एक दिन, दोनों देश या दोनों में से शायद एक शक्ति अर्जित करना शुरू करेगा ही। तब यह निष्क्रिय तनाव बना नहीं रह सकेगा। या तो वह सक्रिय और कष्टदायक तनाव होगा या उतना ही सक्रिय और किस्मत

खोलने वाली मैत्री में बदल जाएगा। बात यह है कि दोनों देशों के बीच मैत्री मात्र एक बीच की स्थिति होगी, एक विफल-काल होगा ताकि एक ज्यादा स्थायी स्थिति प्राप्त हो। मैं यह सिद्धान्त उपस्थित करना चाहता हूँ कि भारत और पाकिस्तान, दोनों का अस्तित्व बना रहे इसके लिए दोनों के बीच मैत्री होनी जरूरी है, किन्तु यह भी कि ऐसी मैत्री निश्चित सीमाओं के भीतर ही नहीं रह सकती और आवश्यक रूप में उसका विस्तार एका में होगा। आज एके की बात करना दोनों पक्षों में ठीक नहीं माना जाता। फिर भी कभी-कभी मैत्री वार्ता करने की अनुमति मिल जाती है और किसी रस्मी अवसर पर या कुछ भावुक लोगों के बीच सदा उचित भी मानी जाती है। मैत्री के ऐसे अवसर निष्क्रिय तनाव के ही अंश हैं और उनका सच्ची मैत्री की अवस्था से कोई मतलब नहीं है। मैत्री का स्थायित्व प्राप्त करने के लिए या सार्थक रूप में उसकी बात करने के लिए हिन्दुस्तान-पाकिस्तान की समस्या पर एक दृढ़, यथार्थ और दूरदृष्टि और धैर्यपूर्ण विवेचन आवश्यक है। यह आवश्यक नहीं कि जो मैत्री के एक या दूसरे कर्म में लगे हैं, वे सब विवेचन करें या उनमें योगदान दें। लेकिन वे जो नीतियों के निर्माता हैं या नीतियों के बढ़ाने के अगुवा हैं, उनकी दृष्टि सर्वव्यापी होनी चाहिए।

कुछ लोग मुझ पर यह दोष लगा सकते हैं कि मैंने कुछ अधिक स्पष्टता से या पूरा लिख दिया है। वे मुझ पर अदूरदर्शिता का आरोप लगा सकते हैं। यदि मैं विश्वास करता हूँ कि एकाकी दिशा में मैत्री निश्चित रूप से पहली सीढ़ी है, तो वे मुझसे पूछ सकते हैं कि वह उद्‌देश्य जो बाद में स्वतः प्राप्त होगा, लेकिन जिसके कारण आज वैमनस्य पनपता है, उस उद्‌देश्य को पहले से ही बता देने में क्या हित है? उत्तर स्पष्ट है। उद्‌देश्य प्रकट कर देने से मुझे एक चतुर्दिक दृष्टि प्राप्त होती है और वह हर उस व्यक्ति को मिलेगी, जो इससे अभिभूत हो। इस चतुर्दिक दृष्टि से मैत्री के बढ़ावे को ही असली चीज मानने की गलती नहीं होगी और न ही इस तरह के तनाव से दिल टूटेंगे और अन्ततोगत्वा लोग एक-दूसरे के निकट आएँगे, यद्यपि इस प्रक्रिया में

सरकारें एक दूसरे से और दूर हो सकती हैं। वह सबसे अधिक यह देखने को तैयार रहेगा कि दूसरे के पास कोई बात तो है और सम्भवत: बहुत ज्यादा अच्छी, हालाँकि निश्चित रूप में उस तरह की नहीं जिस तरह से वह उसको रखता है। मुझे लगता है कि पाकिस्तानी जनता के पास भारत के हिन्दुओं के खिलाफ एक अच्छा मामला है। बहस के तार्किक फैलाव के रूप में भारत की जनता के पास भी पाकिस्तान के मुसलमानों के खिलाफ ठीक उसी तरह का अच्छा मामला है, लेकिन दोनों सरकारों और उनके समाचार-पत्रों के बीच जो नोक-झोंक चलती है, उससे इसका कोई सरोकार नहीं। वास्तविकता यह है कि भारत और पाकिस्तान की सरकारों के पास अकसर कोई मामला ही नहीं रहता। इसलिए इस प्रकार की दृष्टि को चीजों का वास्तविकता में दूरदर्शिता से देखना होगा और वास्तविकता पर तत्काल प्रभाव डालने की महत्त्वाकांक्षा को अपने-आप छोड़ना होगा। उस दृष्टि को अतीव उदार भी होना चाहिए और साथ-साथ दृढ़ भी। उसे साहसिक अन्वेषण करना चाहिए और उसे मौका पड़ने पर तात्कालिक लाभ को तिलांजलि देने के लिए भी तत्पर रहना चाहिए जब तक वह हानिकर न लगे।

आज हिन्द-पाक रिश्ते इतने अधिक सीमित हो गए हैं कि उनकी सम्भावनाओं के लिए किसी से भी गलती हो सकती है। पहली गलती तो यह सोचने में होगी कि ऐसे रिश्ते, जो भारत और पाकिस्तान के बीच बने हुए हैं, चाहे मैत्री के हों या शत्रुता के, वे केवल सरकारी स्तर तक ही सीमित होंगे। यह सच है कि एक आधुनिक राष्ट्र, चाहे वह एकतंत्री हो या औपचारिक रूप से जनतंत्री हो, यात्रा व्यापार, विचार, समाचार और दूसरे रिश्तों में दूसरे अमित्र राष्ट्र के विरुद्ध एक लोहे की दीवार तो खड़ी कर ही सकता है। ऐसी स्थिति में इन दो राष्ट्रों के बीच केवल सरकार और सरकार का रिश्ता ही रह सकता है, अधिकांश समय जब निश्चेष्ट तनाव नहीं रहेगा, तब यह रिश्ता द्वेषपूर्ण होगा। दोनों ही राष्ट्रों की जनता अपनी-अपनी सरकारों द्वारा ही दिये गए मतों और समाचारों की जूठन को ही खुशी-खुशी स्वीकारने को तैयार रहेगी। यह

तनाव को बनाए रखेगा और इससे दोनों राष्ट्रों की सरकारें आपसी रिश्तों में परस्पर बैर, लापरवाही और कभी-कभार की छूट उसी हद तक सीमित रहेगी जितना वे चाहें और फिर भी भारी-से-भारी लोहे की दीवारों में छेद होते ही हैं और अदृश्य रास्ते भी। रूस और हंगरी की घटनाओं ने यह प्रदर्शित किया है कि बृहत्-स्तर पर और अन्तरराष्ट्रीय सम्बन्धों के लिए सरकार और जनता को समान अर्थवाली नहीं मानना चाहिए।

जनता से जनता का एक विशेष प्रकार का रिश्ता भारत और पाकिस्तान के बीच हमेशा बना रहा है। इसके कारण आबादी के कुछ अंशों में विश्वास के सम्बन्ध में काफी अनावश्यक परेशानी उठानी पड़ी है, मौलिक अर्थ में, पाकिस्तान के हिन्दू भारत के प्रति कम-से-कम उतने ही वफादार हैं, जितने अपने देश के। उसी तरह भारत के मुसलमान भी पाकिस्तान के प्रति कम-से-कम उतने ही वफादार हैं, जितने अपने देश के। सरकारी रिश्तों के बढ़ने-घटने के बावजूद सीमित मैत्री की यह बुनियादी भावना सदा जीवित रही है। यह भी सच है कि भारत और प।किस्तान, दोनों में आबादी के विशेष अंशों की इस तरह की सीमित मैत्री के कारण, जनता से जनता के दूसरे तरह के रिश्ते संकुचित या नष्ट से हो गए हैं। जो भी हो, दोनों देशों के सामयिक विषयों के लेखकों और पुलिस को जितना मालूम है, ऐसे रिश्ते उससे कहीं ज्यादा हैं। इन रिश्तों को सम्पर्क द्वारा सींचकर बढ़ावा नहीं दिया गया। अधिकांश वे मन में ही रहे और अधिक अनुकूल वातावरण में ये और आसानी से विस्तृत मैत्री के रूप में फल-फूल सकते हैं। फिर, जैसे ही सीमा के दोनों ओर खबरों और सरकारों के बारे में संशय बढ़ा कि जनता एक-दूसरे को अधिक अनुकूल दृष्टि से देखने लगेगी। अदृश्य छेदों और राष्ट्रों के अलावा लोहे की दीवार में निर्दिष्ट मार्ग भी अपनाए जा सकते हैं।

सरकार से सरकार और जनता से जनता के, इन दो प्रकार के रिश्तों से हिन्द-पाक के पड़ोसीपन का समूचा क्षेत्र खत्म नहीं हो जाता। एक तीसरी सम्भावना है, विशेष या क्षेत्रीय हल की। सभी पड़ोसी राष्ट्रों के सम्बन्ध में ऐसा

हल निकाला जा सकता है। भारत और पाकिस्तान के बीच इसकी सम्भावना और अधिक है। कश्मीर या बंगाल और वैसी समस्याओं से ऐसे हल जुड़े हो सकते हैं। ये तत्काल व्यावहारिक नहीं भी हो सकते हैं। इन्हें सरकारों की सहमति नहीं भी मिल सकती है। इनसे दोनों ओर के गप्पी तबके नाराज भी हो जा सकते हैं, परन्तु अगर इनके पीछे जनता के संकल्प और व्यावहारिकता की सम्भावना है, हालाँकि उसके पकने में समय लगता है, तो ये खास हल असाधारण मूल्य के हो सकते हैं। सरकार से सरकार और जनता से जनता के रिश्ते और विशेष या क्षेत्रीय हल, भारत-पाक पड़ोसीपन के सम्पूर्ण के ये तीन समान वर्ग हैं। ये समान वर्ग सदा एक-दूसरे से मेल नहीं भी खा सकते हैं। कुछ बाकी को काटते जैसे भी लग सकते हैं। भारत विभाजन की मर्यादाहीनता और वह कलंक जिसकी उत्तरोत्तर वृद्धि हुई है और जो अभी भी कलंकित है, उसे जो जानता है, उसको केवल एक व्यापक, दूरदर्शी और चतुर्दिक दृष्टि से ही सन्तोष मिल सकता है।

सरकार से सरकार के रिश्तों के बारे में कुछ विशेष कहने की आवश्यकता नहीं। एक या दूसरे प्रकार के संघात्मक रिश्ते की बात करना आज अजीब लग सकता है, लेकिन इसकी सम्भावना को सदा ध्यान में रखना चाहिए, इसलिए इसके सैद्धान्तिक प्रकारों की बहस करने में कोई हानि नहीं। इसमें अस्थायी और ऊपरी रूप में लगेगा कि अधिक दिया और कम पाया, जैसे पूरी तरह मुस्लिम लीग की सरकार बनाने का गांधी जी का सुझाव था। प्रारम्भ करने के लिए ऐसा सैद्धान्तिक साहसिक कार्य पाकिस्तान की बनिस्बत भारत में आसानी से किया जा सकता है, परन्तु कौन जाने, शायद यह हवा फैला दी जाए। यह सच है कि कोई संघात्मक योजना, वह चाहे पार्लियामेंटों की संयुक्त बैठकें, राष्ट्रपति और प्रधानमंत्री के अलग-अलग धर्मावलम्बी होने की वैधानिक व्यवस्था, प्रतिरक्षा पर संयुक्त नियंत्रण, मिली-जुली मुद्रा और चुंगी का व अन्य नियंत्रणों का न होना या और कोई चीज हो, तो भी वह एक सराय से बढ़कर नहीं हो सकती। ऐसी योजना या तो अधिक घनिष्ठता की ओर बढ़ेगी या उसे धक्का

लगेगा और मन और फटेंगे। संघात्मक योजनाओं के अलावा, अलग-अलग अनेक समस्याएँ जैसे नहरी पानी, शरणार्थी, व्यापार और पासपोर्ट सम्बन्धी नियम, शिक्षा और समाचार और सामान्य सांस्कृतिक मेल-मिलाप का हल, नियमपूर्वक सन्धियों और समझौतों द्वारा होना चाहिए। कोई एक समस्या ऐन मौके पर दूसरी सभी समस्याओं की पूर्वपीठिका बन सकती है। उदाहरण के लिए, इस समय जैसे कश्मीर। लगभग सभी सरकार से सरकार के रिश्ते उस पर ही लटक सकते हैं। विशेष और क्षेत्रीय समस्या के सन्दर्भ में कश्मीर के प्रश्न पर हम थोड़े में विचार कर सकते हैं।

सरकार से सरकार के रिश्तों में भारत और पाकिस्तान के बीच विश्व-सन्दर्भ के कारण एक उलझन खड़ी होती है। रूसी और अटलांटिक गुट एक हद तक इन रिश्तों को निश्चित करते हैं या उन पर असर डाल सकते हैं। जनता में प्रचार करने की उनकी स्थानीय एजेंसियाँ भी हैं। भारत और पाकिस्तान में भी रूसियों का काम करने के लिए उनके कम्युनिस्ट हैं। अटलांटिक गुट की एजेंसियाँ कुछ कम स्पष्ट हैं, जैसे सांस्कृतिक स्वतंत्रता या स्वतंत्र व्यापार या हंगरी और तिब्बत के लिए समितियाँ, लेकिन वे सदा इतने व्यग्र रहते हैं कि उनके प्रचारक अटलांटिक गुट के अनुकूल भारत-पाक समझौते के लिए घात लगाए बैठे रहते हैं। ऐसे किसी भी प्रचारक की भारत-पाक रिश्तों से सम्बन्धित घातों के सभी पहलुओं से सावधान रहने की जरूरत है, लेकिन साथ ही इनके प्रति किसी को अछूत-सा रुख भी नहीं अपना लेना चाहिए। लेकिन, अन्ततोगत्वा, पाकिस्तान की अटलांटिक गुट पर गीदड़ जैसी निर्भरता और हिन्दुस्तान की दोनों गुटों के बीच लोमड़ी जैसी प्रवृत्ति से भिन्न, जब तीसरे खेमे का सचमुच एक स्वतंत्र दृष्टिकोण बनेगा, तभी संसार में भारत-पाक मेल-मिलाप का एक ढाँचा बनेगा।

जनता से जनता के रिश्ते तभी पनपेंगे जब कभी सीमा के दोनों ओर की जनता अपनी-अपनी सरकारों द्वारा प्रचारित समाचारों और मतों के प्रति थोड़ा भी शंकालु होना सीख जाएगी। यह बात मैं कभी कैसे भूल सकता हूँ कि भारत

के प्रधानमंत्री ने 1957 के आम चुनाव के समय कश्मीर पर जितने भाषण दिये, उतने अपने समस्त जीवन में नहीं दिये थे। पाकिस्तान के प्रधानमंत्री के बारे में भी ऐसा ही सही होगा। अभी हाल ही, मैं भारत और पाकिस्तान की सिन्ध-राजस्थान सीमा के आसपास गया था। सीमा पर होने वाले झगड़ों के सम्बन्ध में मैं सदा ही शंकालु रहा हूँ और इस सीमा पर मैंने जो देखा उससे मेरी शंका पुष्ट हुई। आशुकाताला को मैं कभी नहीं भूलूँगा। वहाँ दिन में चहल-पहल रहती है और रात में सन्नाटा। इससे पहले मैंने किसानों के तबके को देखा था, जो दो हजार बरस से लगातार बिना किसी परिवर्तन के चले आ रहे हैं। यहाँ मैंने चरवाहों के तबके को देखा जो तीन या चार हजार बरस से गहरे जम से गए हैं। इस क्षेत्र के लोगों के बारे में बहुत कुछ कहा जा सकता है, पर युद्ध की दृष्टि से यहाँ की सीमा मुर्दा है। भारत और पाकिस्तान के बीच की दूसरी सीमाएँ शायद इतनी मुर्दा न होंगी, लेकिन दोनों ओर ही छीना-झपटी की खबरें बढ़ा-चढ़ाकर फैलाई जाती हैं, वे इतनी उत्तेजना की क्षमता नहीं रखतीं, जितनी कि अकसर हो जाती है। लोगों को जो चीज उत्तेजित कर सकती है, खासकर भारत में, वह है सीमाओं के आसपास स्पर्धात्मक सह-अस्तित्व का अभाव। राजस्थान में जीवन इतना सुधर जाना चाहिए था कि सिन्ध के लोग ललचा उठते या नहीं तो सिन्ध में जीवन इतना सुधर जाना चाहिए था कि राजस्थान के लोग ललचा उठते।

कुछ मामूली हरकतों, जैसे कैनबेरा हवाई जहाज को गिरा देना जैसी घटनाओं के तथ्य या उसके परिणाम से उत्तेजित हो जाना उचित नहीं होता। इस काम से पाकिस्तान को अभिमान करने या जिन हवाबाजों ने हवाई जहाज गिराया, उन्हें बढ़ावा देने का कोई विशेष कारण नहीं है। यह काम तो जासूसी या चालाकी का ज्यादा था, न कि शौर्य का या हवाई कौशल का। वास्तव में यह काम तो भारतीय हवाबाजों की पीठ में छुरा भोंकने जैसा था, क्योंकि उन्हें वार करने का अवसर ही नहीं मिला। पहले उन्हें चेतावनी दी जानी चाहिए थी। पाकिस्तान सरकार यदि दावा करती है कि ऐसी चेतावनी का पहले भी

कोई असर नहीं हुआ, तो उसे यह सार्वजनिक घोषणा कर देना चाहिए था कि बिना इजाजत घुस आने वाले भारतीय हवाई जहाज मार गिराने योग्य माने जाएँगे। दूसरी ओर, भारत सरकार की बात भी काफी विश्वास योग्य नहीं है। कैनबेरा हवाई जहाज की घोषित रफ्तार और ऊँचाई पर पाकिस्तानी हमलावर उसे गिरा नहीं सकते थे। हाँ, यदि उन्हें पहले से खबर थी और वे पहले से ही प्रतीक्षा कर रहे थे, तब बात अलग है। यह सभी जानते हैं कि कभी-कभी हवाबाज, रणकौशल के अलावा चुहलबाजी में कितने उद्विग्न हो जाते हैं और एक-दूसरे के इलाकों में घुस जाते हैं, उनकी तसवीर खींच लेते हैं। पाकिस्तानी हवाबाज भी भारतीय हवाबाजों की तरह ही करते हैं। पाकिस्तान ने कभी-कभी खेल-खेल में शरारत करने वालों को बुरे नतीजे निकालने वाली और गन्दे तरीके से सजा देकर, अच्छा नहीं किया। साथ ही, इस मौके पर भारत सरकार को झूठ बोलने और पाकिस्तान के अपराध को बढ़ा-चढ़ाकर प्रचारित करने की जरूरत नहीं होनी चाहिए। इस बात की अधिक सम्भावना है कि हवाई छतरी से उतरते समय भारतीय हवाबाजों की ऑक्सीजन शीशियाँ नहीं खुलीं, न कि यह कि पाकिस्तान हवाबाजों ने उन पर आक्रमण किया और उन्हें मारा। यह अफवाह फैली हुई है कि उनमें से एक भारतीय हवाबाज जिसने बहक में डींग हाँकी थी, का एक मुसलमान अर्दली गिरफ्तार कर लिया गया है। यह बेचारा शायद निर्दोष होगा और ऊँचे रुतबे का कोई हिन्दू ही असली दोषी हो सकता है। हर दशा में, एशियाई और विशेष रूप से भारतीय, क्यों ठंडे देशों के यूरोपीय की शराब पीने की नकल करते हैं और फिर बहकने लगते हैं।

सीमा के दोनों ओर के लोग, जब उत्तेजक समाचारों को शंकालु दृष्टि से देखने लगेंगे, तब वे कई प्रकार के रिश्तों का निर्माण कर सकेंगे। असली बात तो सैद्धान्तिक सम्बन्ध हैं और इसी से जनता के जनता से रिश्ते बनते हैं और बाकी सब बातें तो बेकार होती हैं और कभी-कभी खुले या संगठनात्मक सम्बन्ध, जो समान सिद्धान्त के राजनीतिक दलों में होता है—चाहे वे किसी भी देश के हों—उनका भी प्रभाव पड़ता है। भारत और पाकिस्तान के कम्युनिस्टों ने

एक हद तक इस मेल-जोल को दिखाया है, यद्यपि पाकिस्तानी कम्युनिस्टों पर आज इतना दबाव है कि वे वास्तविक या स्पष्ट रूप से नष्ट हो गए हैं। ऐसी स्थिति में संगठित समाजवाद अभी तक बहुत शिथिल और भाप जैसा सिद्धान्त रहा है। व्यापक संघर्ष के पुराने सम्बन्धों पर या एक प्रकार की तटस्थता की विदेश नीति पर आधारित राजनीतिक सम्बन्ध इसीलिए अब तक निर्णायक हुए हैं। चाहे ये सम्बन्ध दिमागी ही क्यों न रहे हों, पर इसीलिए इनका महत्त्व कम नहीं हो जाता। शेरो-शायरी, खेलकूद, व्यापार चैम्बरों या शिक्षा संस्थाओं और कला एवं सबसे ज्यादा यात्रा या भेंट-मुलाकातों के द्वारा जनता में जो रिश्ते बढ़ेंगे, निश्चय ही उनके महत्त्व को मैं पूरी तरह अस्वीकार नहीं कर सकता। परन्तु सीमा के दोनों ओर के समान राजनीतिक सिद्धान्त के लोगों के सम्बन्ध ही निर्णायक होंगे। जहाँ तक मैं समझता हूँ, वर्तमान राजनीतिक सिद्धान्त इस काम के योग्य नहीं हैं। झूठी आधुनिकता की प्रेरणा से इनका निर्माण हुआ है, इसीलिए एकीकरण के मुकाबले, ये निश्चित रूप से अलगाव व विभाजन करने वाले होते हैं। हिन्दुस्तान और पाकिस्तान के लोगों के विभिन्न दलों में भी आन्तरिक रूप में और दोनों देशों के बीच यही तनाव और एकरूपता का अभाव ही बीमारी की जड़ है। समतावादी आधुनिकता के नये विश्वास से शायद काम बने।

उदाहरण के लिए, विशेष या क्षेत्रीय हलों के सम्बन्ध में संयुक्त और सार्वभौमिक बंगाल की कल्पना को सामने रखा जा सकता है। जब श्री शरतचन्द्र बोस ने पहली बार यह सुझाव दिया तब मैंने इसे एक असाधारण मूर्खतापूर्ण बात समझा था। तब, ऐसा ही था। अब भी इसे कार्य-रूप देने में बहुत समय लग सकता है, लेकिन आज मैं इस बात पर विचार करने से इनकार नहीं करूँगा। पूर्वी बंगाल की जनता पश्चिमी पाकिस्तान से अलग होने की बात तभी सोच सकती है जब कि पश्चिमी बंगाल भी उसी तरह भारत से अलग होने को तैयार हो। इस तरह का अलगाव अन्ततोगत्वा बड़े एके की पहली सीढ़ी हो सकती है। आजादी के बाद भारत और पाकिस्तान की सरकारों ने सीमा की स्थूल

रेखाओं के बारे में अतार्किक भावुकता की मूर्खता दिखाई है, असली चीज है, इन सीमाओं, कश्मीर-समस्या के हल के लिए संयुक्त नियंत्रण या पृथक् मतगणना या वर्तमान स्थिति को व्यावहारिक मान लेना या स्वतंत्र कश्मीर या पूर्वी बंगाल के भारत में मिल जाने के बदले कश्मीर का पाकिस्तान में मिल जाना या संयुक्त व सार्वभौमिक बंगाल जैसे दलों पर भी विचार करना चाहिए और बहस करनी चाहिए। पठान इलाके से जो पखतूनिस्तान की आवाज आती है, उससे भी किसी को अपने कान बन्द नहीं कर लेने चाहिए।

यह सुझाया जा सकता है कि जनता से जनता और सरकार से सरकार के रिश्ते और अनेकानेक विशेष हल परस्पर विरोधी हैं। पखतूनिस्तान या संयुक्त बंगाल की माँग से पाकिस्तान की सरकार इतनी विरोधी बन सकती है कि भारत और पाकिस्तान के बीच किसी प्रकार के रिश्ते या संयुक्त हल की बात बेमानी होगी। वास्तव में ऐसा है भी। स्वतंत्र कश्मीर को पाकिस्तान को दे देने की माँग से भारत सरकार भी उसी तरह विरोधी बन सकती है। इसलिए प्रश्न यह नहीं है कि कौन-सी सरकार या जनता का कौन-सा अंश या कौन-सा दल विरोधी बन जाता है, बल्कि प्रश्न यह है कि उससे अन्तिम रूप में किस हद तक हिन्दू-मुस्लिम एकता होती है और यह भी कि विभाजित भूमि की एकता कैसे प्राप्त की जाए। यह बहुत सम्भव है कि कोई सिद्धान्तवादी या कोई मसीहा ही एक साथ सम्पूर्ण रूप से सभी हल निकाल सके। राजनीति के क्षेत्र में विभिन्न गुटों और प्रवक्ताओं को एक या दूसरा हल प्रदान करना होगा। इन गुटों में परस्पर मुठभेड़ भी हो सकती है। यदि मैं कभी किसी संघात्मक हल के लिए कुछ सक्रिय काम करता, तो पखतूनिस्तान की आवाज से जो गड़बड़ पैदा होती है, उससे मैं क्रोधित होता। लेकिन मैं पूरी तसवीर से यदि आँख बन्द नहीं कर लेता, तो किसी-न-किसी प्रकार के हल के समान विषय से मेरा क्रोध कम हो जाता, लेकिन मेरा तो असली मतलब है हिन्दुस्तान का पुनरैक्य, यानी इस भूमि के हिन्दू और मुसलमानों के बीच स्थायी शान्ति और मिलाप। चुनाव या पार्लियामेंटरी प्रतिनिधित्व या सरकारी नौकरियों के बारे में

हर व्यक्ति को समग्र सम्भावना की हद तक निबाह और समझौते के लिए तैयार रहना चाहिए, ताकि हिन्दुस्तान फिर से एक हो जाए, जमींदारों और पूँजीपतियों और ऊँची जातियों एवं शिक्षा की इजारेदारी का नाश हो जाए और लोग अधिक पैदावार करें व उचित दाम पर उसे खरीद सकें और सबसे बड़ी बात कि साधारण जनता के और मध्यवर्ग के बीच एवं जनता तथा उसके नेताओं के बीच पहचान और एकरूपता पैदा हो जाए।

पाँच

भारत की सभी बुराइयों की जड़ है, भारत के हुक्मरानों और रियाया के बीच, मध्यवर्ग और जनता के बीच एकरूपता का लगभग सम्पूर्ण अभाव। शताब्दियों से एकरूपता का अभाव जातियों में सम्पूर्ण बिलगाव के रूप में दर्ज है। इसके लिए उचित शब्द बिलगाव नहीं, बल्कि इसे असम्बद्धता की स्थिति कहना अधिक ठीक होगा। भारत की जनता अपने शासक-वर्ग से पूरी तरह असम्बद्ध रही। एक ओर अपार जनसमूह और दूसरी ओर ऊँची जातियों का छोटा-सा अल्पमत शासक-वर्ग। यह स्थिति महात्मा गांधी ने नहीं बनाई। वह उसके वारिस थे। यह कुछ ऐसा था जिसे भारतीय इतिहास को कई हजार वर्षों ने उन्हें दिया था। यह वह चीज है जिससे कोई बच नहीं सकता। हमारे देश में निकट अतीत के बरसों में जो हुआ, वह मैं मानता हूँ कि इसी के कारण हुआ और विभाजन का न तो निश्चित कारण भी यही था। इसका यह मतलब नहीं कि भारत की घटनाएँ इसी अजीब विषय से जकड़ी हुई हैं और उनको ठीक वैसे ही घटना चाहिए जैसी वे घटित होती हैं।

उच्च जाति के शासकों और अपार जनसमूह के बीच एकरूपता का अभाव सबसे महत्त्वपूर्ण, अत्यधिक दुराग्रही और वर्तमान भारतीय स्थिति का सर्वाधिक अकेला निर्णायक तत्त्व है। इस तत्त्व के परिणाम बड़े ही अनिश्चित होते हैं। यह इस पर निर्भर करेगा कि क्या इस तत्त्व को समर्पित किया गया या अतिक्रम किया गया था आंशिक रूप में समर्पित या आंशिक रूप में अतिक्रम किया गया और इस प्रक्रिया के सैकड़ों विभिन्न सम्मिश्रणों पर भी निर्भर करेगा, लेकिन इस तत्त्व से एक या दूसरे या सैकड़ों विभिन्न रूपों में परिणाम निकलना आवश्यक है।

क्या महात्मा गांधी भारत की जनता और उसके शासकों के बीच इस असम्बद्धता का अतिक्रम कर सके या कम-से-कम पूरी तरह से उन्होंने इसकी कोशिश की? ऊपरी तौर पर लगेगा कि उन्होंने यह किया। उन्होंने असंख्य नर-नारियों के समूहों को कर्म के लिए इतना प्रेरित किया, जितना इस देश के इतिहास में बहुत कम लोगों ने किया, लेकिन इस सक्रियता में कहीं कुछ गड़बड़ थी, वह सचमुच जितनी थी उससे ज्यादा सार्वलौकिक लगती है। भारत की घटनाओं के निरूपण में, उसकी बहुत बड़ी आबादी के कारण बहुत बड़ी गलती हो जाती है। कोई कार्य, यद्यपि वह पूरी जनता में फैला नहीं पर उससे कुछ गिनती के खास तबकों पर प्रभाव पड़ता है, तो वह वास्तव में जितना था उससे अधिक सार्वलौकिक लगता है।

भारत की आजादी की लड़ाई में जिन्होंने अपनी सामर्थ्य-भर जेल जाकर या सहायता देकर या कष्ट झेलकर जो सक्रिय भाग लिया और जिन्होंने सभाओं या स्वागतों में शामिल होकर निष्क्रिय भाग लिया, इन दोनों की संख्या का आँकड़ों से हिसाब लगाया जाए तो दो परेशान करने वाले तत्त्व सामने आते हैं। सक्रिय भाग लेने वाले अपनी बड़ी संख्या में प्राय: ऊँची जाति के थे। निष्क्रिय भाग लेने वाले भी अपनी बड़ी संख्या में प्राय: ऊँची जाति के ही थे, उन विशेष अवसरों की बात अलग है जब पिछड़ी जाति के कुछ वृत्तखंड किसी तात्कालिक आन्दोलन में जुट जाते थे। भारत को इस स्थिति से छुटकारा

पाना असम्भव था, जैसे यह अभिशाप गांधी जी का और समूचे आजादी के आन्दोलन का पीछा करता रहा। प्रथमत: यही कारण था जिससे विभाजन हुआ। इसी कारण से भारतीय क्रान्ति उलटे कदमों पीछे की ओर ही चल रही थी, यही क्रान्ति से दगा करने के प्रतीक का उदाहरण है, क्रान्ति का पलट जाना, जिसके सम्बन्ध में मुझे आगे शायद कुछ कहना पड़े।

यह सोचना भी गलत होगा कि गांधी जी ने समस्त जनता को सक्रिय बना दिया था। बार-बार एक दृश्य मेरे दिमाग में आता है। मैं एक जोशीली जनसभा में गया था और स्थानीय कुछ जोशीले लोगों ने मुझे कुछ दूर पैदल चला दिया, बहुत कुछ एक जोशीले जुलूस जैसा बन गया। मैंने भीड़ के साथ चलते एक छोटे कुत्ते को देखा। उसकी आँखों में बहुत कुछ मानव जैसी दृष्टि थी, एक उत्सुकता और सामाजिक रूप से भाग लेने की इच्छा। वह भीड़ के साथ दौड़ता रहा, लोगों के पाँवों से उलझ जाता रहा, लेकिन सामूहिक जीवन से दूर न जाने की दृढ़ता उसमें भी मौजूद थी। जहाँ तक मुझे याद है, एक छोटा कुत्ता मेरे श्रोताओं की पंक्ति में मेरे भाषण के दौरान आधे समय तक बैठा। ऐसे भाग लेने वाले बिरले ही होते हैं और ज्यादा देर नहीं ठहरते। इस बात को एक सुचित्रित प्रभाव के अलावा और कुछ मानना हास्यास्पद होगा।

इस जाँच में आगे बढ़ने के पहले, मैं इस बात का खंडन किये देता हूँ कि शासक और शासित में एकरूपता का अभाव एक सार्वलौकिक अद्‌भुत विषय है और कि भारत के लिए यह असाधारण या अद्वितीय नहीं है। यह ठीक है कि कहीं भी शासक और शासित में पूरी एकरूपता नहीं है। यह भी ठीक है कि कहीं भी वह इतनी अपूर्ण और इतनी न्यून नहीं है, जितनी कि भारत में। कुछ लोग यह दिखाने की कोशिश करते हैं कि भारत की जातियों के सम्बन्ध में विशिष्ट भारतीय जैसा कुछ नहीं है। यह पूर्ण रूप से गलत और खतरनाक प्रयास है। डिजरायली और उनके जैसे दूसरे यूरोपियनों ने संसार में अमीर और गरीब के साथ यूरोप में भी गोरों के बीच दो राष्ट्रों के बारे में लिखा है। यूरोप

के श्रमिक और मध्यवर्ग के बीच दूरी और उनके बीच विभिन्न श्रेणियों की अद्‌भुत विषमता भी दृष्टिगोचर होती है। यूरोपीय समाज के विपरीत अद्‌भुत विषय को नजरअन्दाज करना बेवकूफी होगी।

डिजरायली के लिखने के बहुत पहले इंग्लैंड की एक डचेज ने अपने प्रेमी-पात्र फॉक्स के लिए प्रत्येक वोट के बदले एक चुम्बन देने की घोषणा की थी। उसने कसाइयों, भंगियों और उन सभी को चुम्बन दिये जो उसके प्रेमी-पात्र को वोट देने के लिए तैयार थे। ऐसी घटना, जो सामाजिक समानता का समग्र समाहार है, भारत के इतिहास में कभी नहीं हुई, कम-से-कम सार्वजनिक रूप में तो नहीं ही और यही तो असली बात है। दूसरी घटनाएँ हुईं, जिनका शायद मनुष्य-जाति के लिए उतना ही मूल्य है। अपने देश या उसके इतिहास को नीचा दिखाने का मेरा कोई इरादा नहीं है। कम ही भारतीय होंगे, जिन्होंने अपने देश से या उसके इतिहास से इतना प्यार किया हो। सच्चे प्रेम को यह जानना चाहिए कि कहाँ क्या है और जो नहीं है, उसकी साफ तमीज कर सकना सीखना चाहिए। लिंगायत सम्प्रदाय की महादेवी इस देश की आज तक की महान औरतों में एक थीं। औरत की मर्द से समानता की कल्पना की परिपूर्णता के लिए और भगवान या जो भी उसका आराध्य निर्गुण रहा होगा, उसके सामने मर्द के बराबर औरतों की मान्यता के लिए, अद्वैत के लिए, उसने वस्त्र त्याग दिये और देश-भर में नंगी घूमी। मर्द के बराबर अपनी मान्यता की, आज तक औरत की यह सबसे महान चेष्टा है। लेकिन वह व्यक्तिवादी चेष्टा थी, उसमें सामूहिक महत्त्व कम था और जो भी हो, इससे दूसरे पुरुषों और स्त्रियों की जीवन प्रत्यक्ष रूप से अछूता रहा। मैंने अन्यत्र कहीं कहा है कि भारत अमूर्त समानता का सर्वोपरि देश है, जिसका सुन्दर उदाहरण महादेवी हैं और यूरोप सामाजिक समानता में अद्वितीय है, जिसका वह ब्रिटिश डचेज कोई कम सुन्दर प्रतीक नहीं है।

लगता है कि गांधी जी अपनी मौत के कुछ बरसों पहले तक जाति-प्रथा के सभी संसर्गों से अवगत नहीं थे। उन्होंने उसे पहले एक प्रकार की विचित्र

भावुकता का जामा पहनाया। उन्होंने उसकी बुराइयों को छाँटने का प्रयत्न किया। जैसे कि वह चीज अपने-आप में बुरी न रही हो। यह तो आजादी की अन्तिम बड़ी लड़ाई 1942 के खुले विद्रोह के आसपास के समय ही वे जाति-प्रथा की पुश्तैनी बुराइयों से अवगत हुए। यह भी सच है कि वे बराबर अस्पृश्यता निवारण के लिए सदा सचेष्ट रहे। वह तो एक सुधारक का काम था, क्रान्तिकारी का नहीं। बहुत जमाने तक उन्होंने जाति-प्रथा को कायम रखना चाहा, लेकिन उसकी बुराइयों को सुधार कर। अपनी मृत्यु के कुछ बरसों पहले उन्होंने अपनी स्थिति बदली, जब कि वे जाति के मामले में क्रान्तिकारी बने, लेकिन तब बहुत देर हो चुकी थी। उनकी पहले की स्थिति की कमजोरी ने राष्ट्रीय आन्दोलन की बुनियाद में कीड़ा लगा दिया था।

गांधी जी अपनी ढुलमुल व्याख्याओं में दयनीय हो सकते थे। एक समय उनकी अहिंसा अंग्रेजों की युद्ध की तैयारियों में पूरी तरह रुकावट डालने की ओर ले जाती और दूसरे अवसर पर उनके साथ सशर्त सहयोग की बात। उनके निन्दकों ने प्रारम्भ में ऐसे ढुलमुल परिवर्तन की प्रतिच्छाया देखी, राष्ट्रीय आन्दोलन की दृढ़ता और ब्रिटिश साम्राज्यवाद की बढ़ती हुई कमजोरी की स्थिति में, वे सत्य और अहिंसा की अपनी व्याख्या में कुछ दृढ़ हो सकते थे। नैतिक निर्णयों की जो गांधी जी पर कपट का आरोप लगाते हैं और जिन्हें मैं नहीं मानता, उसे अलग हटाकर भी गांधी जी के ढुलमुल मतों के काफी प्रमाण हैं। एक ही अवसर पर मुझे बहुत धक्का लगा, जब गांधी जी ने खुले विद्रोह के पहले और उसके छह महीने बाद ब्रिटिश वाइसराय को जो पत्र लिखे, उनमें उनके स्वर और भाव में विरोधाभास है। जब हम लोग संघर्ष के बीच जूझ रहे थे और उसके पक्षपाती थे, तब हमने इस विरोधाभास को नहीं पहचाना, लेकिन अब कुछ बरस पहले जब मैंने उन्हें फिर से सिलसिलेवार पढ़ा तो मैं दुखी हुआ और मुझे गुस्सा भी आया। पहला पत्र एक ऐसे नेता का था जिसे अपनी जनता व अपने उठाए कदमों पर विश्वास था। दूसरा पत्र एक ऐसी कुनमुनाती औरत के जैसा था, जिसे

उसके आदमी ने पीट-पीटकर बस में कर लिया हो। इसी एक प्रमाण पर गांधी जी पर कपट और दुविधा का आरोप लगाना काफी आसान है, लेकिन मामला इससे भी गहराई में जाता है।

गांधी जी ऐसे ढुलमुल अफसरों की फौज के नेता थे, जिन पर उन्होंने स्थिर कार्यक्रम का बोझ लादा था, यद्यपि वह उच्च स्थापित दृढ़ता का और कष्टदायक काम न था। उन्हें अपने इन अफसरों को इतना ठीक-ठाक रखना पड़ता था कि वे बिखर या पिघल न जाएँ। उनकी और राष्ट्रीय आन्दोलन की कमजोरी का भी आधार इसी मानसिक-शक्ति की स्थिति पर था। लड़ने वाली फौज और उसकी नैतिकता की यह स्थिति, कम-से-कम उसके नेतृत्व की, जाति के सदियों पुराने रुख और आदतों की ही पैदाइश थी। लगता है कि गांधी जी ने सोचा होगा कि इस स्थिति पर वे एक ही तरीके से हावी हो सकते हैं। उन्हें हर असफलता को सचाई दिखने जैसी जीत का जामा पहनाकर ढकना पड़ता था। उन्हें असफलता के परिणामों की कठोरता को न्यूनतम बनाना पड़ता था। हर हार के बाद उन्हें अपनी फौज और उसके मनोबल की रक्षा करनी पड़ती थी और जल्दी-से-जल्दी उसके लिए आराम की स्थिति पैदा करनी पड़ती थी या कम संकल्पित कष्ट को दूर करना पड़ता था। कोई कह सकता है कि हथियारबन्द लड़ाई के सेनापति भी तो ऐसा ही करते हैं, लेकिन वास्तव में दोनों की बराबरी नहीं की जा सकती। युद्ध के सेनापति हमेशा लड़ाई नहीं करते, वे अलग बैठ जाते हैं या पीठ दिखा देते हैं या पुन: संगठित होकर दुश्मन पर पीछे से वार करते हैं और ऐसी ही दूसरी बातें करते हैं। एक युद्धरत फौज का आत्मसमर्पण, चाहे वह शर्त के साथ हो या नहीं, पूरी तरह खुली बात होती है और उसे जीत के भ्रम से झुठलाया नहीं जा सकता।

अब दो प्रश्न उठते हैं। क्या गांधी जी की हर हार के बाद, जल्दी-से-जल्दी सामान्य स्थिति स्थापित करनी पड़ती थी? हार की वास्तविकता को जीत की आंशिक भावना में बदलने के लिए वे अहिंसा के सिद्धान्त की आकस्मिकता का प्रयोग करते थे। ये दोनों प्रश्न परस्पर जुड़े होने पर भी अलग हैं। दूसरे

प्रश्न का उत्तर नहीं में देने में मुझे हिचक नहीं है। गांधी जी को राजनीतिक युक्ति के विचारों को नीति और बुनियादी सैद्धान्तिक घोषणा से अलग रखना चाहिए था। जब उनकी फौज पिट जाती या लक्ष्य से दूर रह जाती, तो आंशिक रूप में ही सही, उन्हें उसे स्वीकार कर लेने के लिए तैयार रहना चाहिए था। ऐसा वे आसानी से कर सकते थे। ऐसे सभी आन्दोलनों के बाद, जब उन्हें हार खानी पड़ती, तब अपने लक्ष्य तक पहुँचने में सामयिक असफलता के बीच भी जनता में बढ़ते हुए अभय की ओर वे इशारा कर सकते थे। मैं नहीं समझता कि ऐसी नीति से आन्दोलन या उसकी अहिंसा कमजोर होती। ऐसी नीति शायद उन्हें और अधिक शक्ति देती।

पहले प्रश्न, सामान्य स्थिति स्थापित करने वाले, का उत्तर देना कुछ अधिक कठिन है। जातिप्रथा ने भारतीय चरित्र को कुछ असाधारण अच्छाइयाँ और बुराइयाँ दी हैं। अच्छाइयाँ जाहिर हैं। भारतीय चरित्र जैसा कि वह जातिप्रथा के साँचे में ढला है, बदलाव को आसानी से स्वीकार नहीं करता, स्वीकार करने के पहले बारम्बार परखता है और अकसर सतही अनुमति और बुनियादी अस्वीकृत से उसका गला ही घोंट देता है। खुशहाली और शक्ति के समय ऐसा चरित्र एक असम प्रकार के न्याय के लिए सचेष्ट रहता है तथा हर समय वह स्थायित्व और समता के निर्वाह के लिए सचेष्ट रहता है। बुराइयाँ बहुत बड़ी मात्रा में हैं और गहरी हैं। दुनिया-भर में भारतीय चरित्र सबसे ज्यादा टूटा हुआ है। ऊँची और नीची जातियों के बीच एकरूपता के सम्पूर्ण अभाव से एक बहुत अवास्तविक स्थिति पैदा हो गई है। झूठ बोलना और दुहरा व्यक्तित्व रखना, तनाव रखना, नुकसान होने के ठीक पहले या बाद के मौके पर कुनमुनाना और मनाने और खुशामद करने के लिए तैयार हो जाना सहज है। धमकाना या पीट देना, दृढ़ता के बिना बड़ी बहादुरी की बातें करना और बिना पूरी अधीनता माने कायर बन जाना साधारण स्वभाव बन गया है। इतने समय तक बने रहने की दुष्टता के साथ-साथ समाधान कर लेने वाले शासक-वर्ग की मिसाल का दूसरा उदाहरण दुनिया में नहीं

मिलेगा। इस चरित्र को बदलने के लिए गांधी जी ने कुछ नहीं किया या कम-से-कम जान-बूझकर काफी अरसे तक कुछ नहीं किया। इसलिए कि वे अपनी असफलताओं से तेजी से उबरते थे। मैं नहीं मानता कि इस मामले में उनके पास कोई और रास्ता न था, जिसे वे अपना सकते। अधिक-से-अधिक, वे अपनी चाल या अपनी असफलताओं से उबरने के ढंग बदल सकते थे और इससे सम्भवत: लाभ भी होता।

ऐसा अकसर कहा जाता है कि हिन्दुस्तान पर आसानी से आक्रमण हो जाते हैं और वह आक्रमणकारियों के सामने प्राय: घुटने टेक देता है, यह फूट की स्थितियों के ही कारण है। अब अगर हम यह मान भी लें कि ऐसी फूटों के कारण समय-समय पर लोगों पर असर पड़ा, तो प्रश्न उठता है कि और सभी के मुकाबले भारतीय जनता ही क्यों उनकी शिकार हुई। वास्तव में यह समस्या बिलकुल नहीं है। भारतीय लड़ाइयों में जनता सामने आई ही नहीं या आई भी तो गौण रूप में। आज जैसे यूरोप ने सम्पूर्ण युद्धवृत्ति बना ली है, उसी तरह अपने इतिहास में भारतीय जनता भी लगभग सम्पूर्ण युद्धहीन-वृत्ति बना लेने में सफल हुई है। ये धारणाएँ तुलनात्मक हैं और पूरी तसवीर को उभारने के लिए इनको बढ़ा-चढ़ा नहीं देना चाहिए। भारत के किसान का यह शाश्वत चित्र है कि चाहे राज्य बदलने की लड़ाई होती रहे, लेकिन लड़ाई के दौरान, उसके पहले या बाद में भी किसान अपना खेत ही जोतता रहता है। इसी मात्रा में यह बाकी दुनिया में सही नहीं है।

भारतीय जनता ने शासन करने का काम, युद्ध में लड़ने और ऐसे मसलों पर सोचने या अपने लिए व्यवस्था करने का काम कुछ चुनी-चुनी जातियों को सौंप दिया। अपार जनसमूह को इन सब चीजों से कोई मतलब न था। शरीर के किसी अंग का लम्बे समय तक इस्तेमाल न होना उसे क्षयग्रस्त कर देता है। जातिप्रथा ने राजनीतिक उद्देश्यों में भारतीय जनता को भी इसी तरह क्षयग्रस्त कर दिया है। लोग अपने शासक-वर्ग या उच्च जाति के दृष्टिकोण से ही विदेशी हमलों के सामने भारत के घुटने टेक देने का मुख्य कारण फूट

बताते हैं। फूट किनके बीच? निश्चित ही शासक-वर्ग में। इतिहास की दृष्टि से भारतीय जनता में फूट का सन्दर्भ नहीं के बराबर है, क्योंकि जनता कभी भी राजनीति में सक्रिय नहीं थी। फिर यदि, अपार जनसमूह जातिप्रथा के कारण राजनीतिक शासक जातियों को इस फूट की निष्क्रियता से पीड़ित न होता तो उतना नुकसान न होता, जितना हुआ। भारत पर आक्रमण की ग्रहणशीलता और उसके सामने सतत घुटने टेक देने का मुख्य कारण फूट नहीं, बल्कि जातिप्रथा ही रहा है।

शासन और राजनीति को विशेष जातियों के हाथों में सौंप देने के तरीके से, एकरूपता के अभाव से या मध्यवर्ग तथा आम जनता के बीच सम्पर्क की कमी की स्थिति से आजादी के आन्दोलन में कमजोरी का आना जरूरी था। ब्रिटिश सरकार के सामने अपने सम्पूर्ण आकार में वह बहुत कम अवसरों पर ही खड़ा हो सका। उसके नेता ऐसा विचित्र व्यवहार करते कि वह कभी उग्र दिखता कभी नर्म। आजादी के आन्दोलन की जड़ में ऐसी उलझन से दुर्भाग्य अवश्यम्भावी था। वास्तव में, इसी से विभाजन की दुर्घटना घटी। इससे किसी को आश्चर्य नहीं होना चाहिए। आखिर यह विभाजन है क्या? भारत का विभाजन, अपनी जातियों, मध्यवर्ग और जनता के बीच सम्पर्क की कमी की स्थिति का एक तरह से कानूनी दस्तावेज है। यही सम्पर्क की कमी थी जिसके कारण पहले मुस्लिम विजेताओं की छोटी टुकड़ियाँ हिन्दुओं को हरा सकीं। सम्पर्क की इसी कमी ने बाद में पठान मुसलमानों को तुर्की मुसलमानों के सामने झुकाया, आदि-आदि। अब भी उसी के कारण देश के विभाजन का कड़वा फल निकला है।

यदि भारत का स्वातंत्र्य संग्राम प्रारम्भ से ही और निश्चयात्मक तरीके से जाति-प्रथा के विनाश के लिए पिछड़ी जातियों को विशेष सुविधाएँ देने का होता तो हिन्दू, शूद्र और हरिजन; मुसलमान, असार और मोमिन से एकरूप हो जाते या कम-से-कम एक संयुक्त राष्ट्र की स्वतंत्रता प्राप्त करने को राजनीतिक रूप से एक हो जाते। इस युक्ति और नीति के बाद में मुस्लिम व पिछड़ी जातियों

में प्रचारक और आलंकारिक आघात के रूप में चलाने की कोशिश की गई। इसलिए इसकी असफलता एक पूर्व निश्चित नतीजा था। हिन्दू जातिप्रथा से मुस्लिम उन्माद को सबसे जोरदार तर्क मिल गया, जिसका अन्तिम उद्देश्य विभाजन था और वह प्राप्त भी किया गया। इस तर्क के लिए किसी लम्बे-चौड़े प्रभाव की आवश्यकता न थी। यह सबके लिए प्रत्यक्ष था। यह दिल पर सीधा असर करता और हमेशा के लिए घर कर लेता। आज भी, एक भारतीय गाँव जाति के अनुसार विभिन्न क्षेत्रों का विभाजित झुंड है, इसके अलावा कुछ नहीं है। यह पूछना बेकार होगा कि गांधी जी या और कोई इस स्थिति को बदल सकते थे क्या? पीछे के इतिहास को देखने से अधिकतम विकल्पों की गणना और खोज की जा सकती है, लेकिन उससे किसी भी तरह यह निश्चय नहीं किया जा सकता कि उस समय क्या सम्भव था। ऐसे विवाद और विचार से ज्यादा-से-ज्यादा दिमाग विस्तृत हो सकता है, जो भविष्य में उपयोगी होता है और अतीत का भाग नहीं होता।

मीठी भावुकता भारतीय चरित्र का अंग है। सम्भव है, यह कमजोरी भी शासक-वर्ग और आम जनता के बीच एकरूपता की कमी की ही देन है। जो ताकत से नहीं पाया जा सकता उसे प्रार्थना और खुशामद व अतिशयोक्ति से पाने की कोशिश की जाती है। भारत की दूसरी तरह से धनी भाषाएँ, जिनसे धनी संसार की अन्य कोई भाषा नहीं है, इसी अतिशयोक्ति की दुखमय विकृति और मीठी भावुकता की शिकार है। हर चीज को प्रतिष्ठित रूप में बदल दिया जाता है। सब कुछ पवित्र हो जाता है। सब कुछ अमृत में बदल जाता है। हर कोई किसी-न-किसी चीज का समुद्र है। विद्या या दान या विद्वत्ता या शौर्य का। इसी तरह शब्द अपना अर्थ खो देते हैं। मुझे शक होता है कि गांधी जी और स्वतंत्रता आन्दोलन ऐसी ही सामान्य राष्ट्रीय बीमारियों के शिकार रहे हैं यद्यपि बीमारी से पीड़ित होने से अधिक वे एक विशेष कला के गुरु जैसे लगते हैं। सभी ब्रिटिश अत्याचारियों के लिए उनका 'प्रिय मित्र' सम्बोधन विचार का विषय है और दूसरा, 'कायदे आजम', जिसकी ओर श्री आजाद ने

ध्यान आकृष्ट कराया है। मिस्टर जिन्ना के पीछे गांधी जी का दौड़ना, श्री आजाद की तरह मुझे भी नापसन्द है। लेकिन मैं इससे भी इनकार नहीं कर सकता कि गांधी जी मिस्टर जिन्ना के पीछे कभी-कभी इसलिए दौड़ते थे कि राष्ट्रीयतावादी मुसलमान आलसी थे और उनका नेता ऐसे राजनीतिकों का शाहजादा था जो मात्र भाषण और चालबाजी का नायक था। कुछ भी हो, गांधी जी अपने उद्देश्य की पूर्ति के लिए जरूरत से कुछ अधिक ही खुशामद की ओर झुकते थे जिसे विनम्र मित्रता के नाम पर प्रचारित कर वे सारी दुनिया को और शायद अपने को भी धोखा देते रहे।

स्वातंत्र्य संग्राम की मैत्रीपूर्ण विनम्रता का अभी तक उचित मूल्यांकन नहीं हुआ। यह मान लिया गया है कि यह आन्दोलन सशस्त्र संग्राम के मुकाबले कम महँगा पड़ा या कि उतनी कटुता और अव्यस्तता नहीं हुई जितनी किसी सशस्त्र क्रान्ति से होती है या उससे सिद्धान्त और आचार का सिलसिला आसान हो गया। इन सभी मान्यताओं को निकट से देखने, परखने की आवश्यकता है। इनमें से कुछ तो पूरी तरह गलत हैं। इस बात को मैं बार-बार जोर देकर कहना चाहूँगा कि विभाजन की भयानक और बेमिसाल कीमत, हमारी आजादी की लड़ाई की कुल कीमत का एक भाग है। मैं और भी एक बात कहना चाहूँगा और इस मान्यता को भी अस्वीकार करूँगा कि भारत में ब्रिटिश साम्राज्य के विरुद्ध सशस्त्र क्रान्ति सफल नहीं होती, जबकि अहिंसात्मक आन्दोलन सफल हुआ। अपनी कल्पना के अनुसार बारीकी में जाकर हम सोचें कि आजादी की लड़ाई कैसी होती यदि गांधी जी पैदा न होते या काम न करते।

प्रथम विश्वयुद्ध के छिड़ने तक भारतीय आन्दोलन की दो धाराएँ बन गई थीं, एक पूरी तरह अनुभवी विधानवादी और दूसरी, तीव्र आतंकवादी। कुछ विशेषीकरण भी अपना रूप लेने लग गया था। चतुर लोग विधानवाद की ओर जाने लगे और बहादुर लोग आतंकवाद की ओर। मुझे शंका है कि स्वदेश-प्रेम की इन दोनों धाराओं के बीच तब एक गहरा समझौता था, कुछ

अबोला व अलिखित समझौता जैसा, तब तक गांधी जी ने ऐसे सिद्धान्त प्रस्तुत जिनके कारण आपस में मनमुटाव हो गया। विधानवादी और आतंकवादी समय के साथ अपनी धारा को तीव्र करते जाते। उनके कामों के प्रति ज्यादा-से-ज्यादा लोग आकृष्ट होने लगते। बारी-बारी के तरीके से विधानवादियों के लिए बीस-पचीस वर्ष तक मैदान साफ रहता जिससे वे अपने भाषणों और विधानवादी चतुराइयों से समूची जनता में आजादी की कामना जगाए रखने की कोशिश करते। तब ऐसी स्थिति पैदा होती कि आजादी की कामना को कमजोर करना असह्य हो जाता। तब आतंकवादी मैदान में आते और साल-दो साल अपने करिश्मे दिखाते। ऐसे हर अवसर से विधानवादियों में अनुभव और कौशल की वृद्धि होती और उनके समर्थकों की तादाद बढ़ती और आतंकवादी भी संगठित हिंसा के काम करने के तरीके खोज लेते जिसमें हत्या का मतलब सिवा बदला लेने या झगड़ा करा देने के और कुछ न होता।

मैं नहीं समझ सकता कि विधानवादियों और आतंकवादियों में परस्पर आदर क्यों नहीं बना रहता, इसके बावजूद कि विधानवादी समय-समय पर आतंकवादियों के विरुद्ध कुछ कह भी देते, फिर यह मानने के लिए कोई कारण नहीं है कि इस दल को अपने उद्देश्य प्राप्त करने के तीन से ज्यादा बार प्रयत्न की जरूरत न पड़ती, उसे निश्चय ही दूसरे महायुद्ध के बाद तक रुकने की जरूरत पड़ती। वास्तव में, महात्मा गांधी की अहिंसा ने जितना समय लिया, उससे कम समय में ही वे शायद सफ़ल हो जाते।

समूची स्थिति में बहुत दूरगामी और क्रान्तिकारी नतीजों का एक दूसरा महान परिवर्तन शुरू हो जाता। अब इस चित्र में मैं श्री जिन्ना के व्यक्तित्व को सामने लाता हूँ। यह सिर्फ इसलिए नहीं कि वे पाकिस्तान के निर्माता थे, बल्कि इसलिए भी कि गांधी जी के दृश्य पर आने के पहले वे भारत के विधानवादी देशभक्तों के एक नमूना थे। मुस्लिम लीगी फिरकापरस्तों में एक काफी बड़ा तबका, शायद, ठीक ऐसे देशभक्तों का था जो विधानवाद की हद को पार नहीं करना चाहता था और इसलिए गांधी जी

के कारण वह अड़चन महसूस करता था। भारतीय स्वाधीनता संग्राम के नेता ने चतुराई और बहादुरी, तर्क और शक्ति को अलग-अलग करने की इजाजत नहीं दी। एक ही आदमी में वे दोनों की मिलावट देखना चाहते थे। श्री जिन्ना जैसे आदमियों को यह पसन्द नहीं था। जो गांधी जी के अनुयायी थे, क्या उनके साथ भी गांधी जी को स्थायी सफलता मिली, यह अवश्य ही सन्देहास्पद है, क्योंकि उनके चेलों ने सिविलनाफरमानी को अपने जीवन का अंग नहीं बनाया और न ही सादगी और कमखर्ची जैसी गांधी जी की बातों को ही अपनाया।

सबसे पहले हमें श्री जिन्ना जैसे विधानवादी देशभक्तों में स्वाधीनता संग्राम में बने रहने के परिणामों पर विचार करना चाहिए। मैं ऐसे कुछ बेकार-से वितर्कों का सहारा नहीं लूँगा कि विभाजन का निर्माता एके में स्वाधीनता के लिए वैधानिक रूप से प्रयत्न करता। यह वितर्क और गहराई तक जाता है। स्थिति ऐसी हो सकती है कि श्री जिन्ना जैसी योग्यता और संकल्पशक्ति रखने वाले और किसी आदमी में विभाजन का झंडा गाड़ने की तबीयत न होती और अहिंसा के साथ अवश्यम्भावी पर दुर्भाग्यपूर्ण हिन्दूधर्मिता का जो वातावरण बना, वह शायद उतनी मात्रा में नहीं बनता। ब्रिटिश आचरण भी भिन्न हो सकता था। हिन्दुओं और मुसलमानों के बीच विभेद, फिर हिन्दू-मुस्लिम दंगे और अन्ततः भारत में विभाजन को प्रोत्साहित करने के बदले ब्रिटिश साम्राज्यवाद दूसरे रास्ते को अपनाता। ज्यादा नरम विधानवादियों और उनमें कम रुचि रखने वालों के बीच भेद बढ़ाने के लिए शायद वह अपनी शक्ति का इस्तेमाल करता।

अगर विभाजन के साथ यह सब न होता, इतनी क्रूरता और हत्या एवं ऐसी परिस्थिति जिसमें सदाचार और अनाचार के अर्थ लुप्त हो गए तो शायद हिन्दुस्तान अधिक अच्छी स्थिति में होता। यहाँ पर मुझे लगता है कि मैंने यह लगभग साबित कर दिया कि गांधी जी देश के लिए आशीर्वाद की जगह अभिशाप थे। इन वितर्कों के नतीजों से दूर भागने का मेरा इरादा नहीं है।

अवश्य ही यह सम्भावना है कि गांधी जी के बिना हिन्दुस्तान ज्यादा अच्छी स्थिति में होता, कम-से-कम कुछ अर्से तक। गांधी जी का काम करने का तरीका अगर समूचे संसार में व्याप्त नहीं हो जाता, तो उसका कोई औचित्य या मूल्य नहीं है। अगर भविष्य ऐसा बनता है कि हिन्दुस्तान की सामयिक हानि से संसार को फायदा हो, तभी उसकी कीमत होगी। सिविलनाफरमानी के मार्ग से अगर अहिंसा आदमी के सामूहिक जीवन का चौखट कभी बन सकी, तो भारतीय स्वाधीनता संग्राम की विपत्तियों का औचित्य स्वयंसिद्ध होगा। कहा जाएगा कि संसार के हित के लिए भारत बलि का बकरा बना। राष्ट्र को प्राप्त हितों के दृष्टिकोणों से अहिंसा की जो बात करते हैं वे लोग दयनीय और अबोध हैं।

भारत ने संसार की खातिर कष्ट भोगे, शायद अनजाने ही। इस पीड़ा के मुख्य प्रवर्तक शायद खुद नहीं जानते थे कि संसार के भविष्य के लिए वे हिन्दुस्तान का बलिदान कर रहे हैं। उनके उत्तराधिकारी तो अवश्य ही नहीं जानते। सिविलनाफरमानी का विदेशी के विरुद्ध देशी का मार्ग बताने की कोशिश करके और चाहे देशी या विदेशी शासक के जनतंत्र या अधिनायकतंत्र के अन्तर्गत उसे अत्याचारी के विरुद्ध पीड़ित की अनादि ताल-लय मानकर दुत्कारने वाले ये लोग अपने देश और अधिष्ठाता का मजाक उड़ा रहे हैं। किसी को यह सन्देह करने के लिए विवश होना पड़ता है कि अहिंसा के नेतृत्व में कहीं कुछ बुनियादी कमी है या दुष्टता है, कम-से-कम प्रारम्भिक अवस्था में, जो अपने प्रयत्नों का मखौल उड़ाते हैं और अपनी सफलता को बिगाड़ देते हैं।

मैं नहीं समझता कि इतिहास में ऐसी और कोई क्रान्ति हुई हो जो अपने लक्ष्य से इतनी भ्रष्ट हुई हो जितनी कि भारतीय क्रान्ति। यह बात सिर्फ सिविलनाफरमानी के मार्ग पर ही नहीं लागू होती, पर ज्यादा तो राजनीतिक, सामाजिक और आर्थिक लक्ष्यों पर लागू होती है। क्या गांधी जी ने अपनी कमान जरूरत से ज्यादा खींची थी? क्या उन्होंने अशोधित धातु को जरूरत से ज्यादा गरमाया था? गांधी जी के अकुशल कारीगर होने की और अपने अनुयायियों

को न समझने की या उनकी क्षमता का अन्दाज न लगा सकने की ये दो प्रतिमाएँ मन में उभरती हैं। उन्होंने बूमरैंग[1] का अकस्मात परावृत्ति या सूक्ष्मता का क्लीवत्व की सीमा तक पहुँच जाने के सिद्धान्त का पर्याप्त मूल्यांकन नहीं किया। पर तब सवाल उठता है कि क्या गांधी जी को अपने प्रतिनिधियों और कांग्रेस नेतृत्व, जो घटिया धातु से बना था, उसको दृष्टि में रखते हुए अहिंसा का मार्ग छोड़ देना चाहिए था। वह तो बिलकुल मुमकिन ही न था।

गांधी जी या तो ढोंगी थे या पैगम्बर और अगर वे पैगम्बर थे तो दुनिया को बदलने के लिए वे आए थे, जैसे कि कई सदियों में एक बार कोई आता है। उनके पास चुनाव करने की या चालाकी की बहुत सुविधा नहीं थी। ऐसे लोगों से जो आराम के जीवन के लिए बहुत उत्सुक नहीं हैं या जो समाधान करने की बहुत लम्बी परम्परा से भ्रष्ट नहीं हुए हैं, उनमें गांधी जी अवश्य ही कुछ नेता बना सकते थे। वे अपनी चालों के बारे में कुछ ज्यादा सीधे, कुछ कम विदग्ध और अपनी विजयों के साथ-साथ पराजयों के बारे में भी ज्यादा खुलकर बोलते, तो हर राजनीतिक उद्देश्य को अहिंसक आदर्श का जामा पहनाकर उसे धूमिल करने की जरूरत न पड़ती, परन्तु ये सब बातें बारीकी की हैं। फिर, ये सब सिर्फ अनुमान हैं। हर हालत में ये अहिंसा के बुनियादी विकल्प को नहीं नकारते कि उसे आदमी के सर्वोत्कृष्ट लक्ष्य के लिए ऐसे वातावरण में चेष्टा करनी पड़ती है, जहाँ सदियों की गिरावट ने उसे हीन बना दिया है।

अहिंसा निःसन्देह वीरों में वीर का हथियार है, लेकिन वे उसका इस्तेमाल नहीं करते। उनकी अपनी बन्दूकें हैं और अपने न्यूक्लियर बम हैं। इसलिए, उसका इस्तेमाल करने की जिम्मेदारी अपेक्षाकृत कमजोर और हीन लोगों पर

1. आस्ट्रेलिया की आदिम जातियों द्वारा प्रयोग किया जानेवाला एक अस्त्र। यह दो प्रकार का होता है : लौटनेवाला और न लौटनेवाला। लौटनेवाला अस्त्र चलानेवाले के लिए भी उतना ही खतरनाक होता है जितना कि जिस पर वह चलाया जाता है। दक्षिण भारत में भी इसी प्रकार का एक अस्त्र प्रयुक्त होता है।

आ पड़ी है। इस हथियार को बार-बार इस्तेमाल करने की प्रक्रिया में ही शायद ये लोग सद्‌गुण प्राप्त करेंगे और श्रेष्ठ बनेंगे।

परम्परा से इतिहास का पाठ बहुत बुरे ढंग से होता रहा है, एक प्रक्रिया के रूप में नहीं जो कि वह है, लेकिन एक दौर के परिणाम जैसा। निश्चित सड़ाँध की अवधियों को छोड़कर, वह लगभग हमेशा एक प्रक्रिया है। कुछ मूर्ख यह सोच सकते हैं कि मैंने अहिंसा, गांधी जी और उनके नेतृत्व के बारे में प्रतिकूल निर्णय किये हैं। गांधी-प्रक्रिया में मेरा बहुत पक्का विश्वास है, इसलिए ऐसा मैं नहीं करूँगा। मैं सिर्फ गांधी-प्रक्रिया के कुछ स्थापित तथ्यों, रुचिकर और अरुचिकर दोनों का उल्लेख कर रहा हूँ और मुझे इससे मतलब नहीं कि मैं निश्चय रूप से यह जानूँ कि उनमें से कौन भिन्न हो सकते थे। मेरी शिक्षा-दीक्षा एक वैज्ञानिक जैसी हुई है ताकि मैं सत्यनिष्ठ और सामाजिक बनूँ, मैं एक क्रान्तिकारी जैसी श्रद्धापूर्वक प्रार्थना करता हूँ कि गांधी-प्रक्रिया अब तक समाप्त नहीं हुई है और अब भी चल रही है। परिवर्तनवाद के बिना सच्चा समाज-विज्ञान सम्भव नहीं है। इसलिए अगर मैं यह बतलाऊँ कि हम कहाँ पहुँच गए हैं तो वह शिकायत करने या मार्ग को अस्वीकार करने की दृष्टि से नहीं, पर यह खोज करने के लिए कि क्या हम अपने ध्येय की प्राप्ति के मार्ग पर अधिक सावधानी से चल सकते हैं।

भारतीय क्रान्ति को लगभग पूर्णतया उलट दिया गया है। करोड़ों लोगों के उन्नत जीवन के उसके वायदे झूठे हो गए हैं। वह उनको आदमी न समझकर वस्तु समझती है, सफल क्रान्ति के सरकारी कामों में जनता असल में तबीयत से कोई काम नहीं कर रही है। क्रान्ति की सरकार पिछले बारह वर्षों से सिर्फ किराये पर काम करा रही है। लगभग हर एक क्रान्ति सफल होने के बाद जनता को आदमी की बनिस्बत वस्तु कहीं ज्यादा मानती है, लेकिन वह सिर्फ परिणाम का तुलनात्मक अन्तर है। भारतवर्ष में वह अन्तर सम्पूर्ण प्रतीत होता है। जब क्रान्ति चालू थी, तब जनता कम-से-कम आंशिक रूप से तो सक्रिय थी, अब जब वह सफल हो गई तो जनता लगभग

पूर्णतया निष्क्रिय है। मन के पूरी तौर पर ऐसे पलट जाने की अभिव्यक्ति जीवन के विभिन्न क्षेत्रों में कई ठोस तरीकों से होती है। सादगी, फैशन के जीवन, उत्कृष्टता और प्रतिनिधित्व की आकांक्षा, भाषा, उदारता और सामाजिक चलनशीलता, समानता, जनता की बुनियादी जरूरतें, नौकरशाही का रुतबा, दिल्ली की गद्दी के हर मालिक की पुश्तैनी गुलाम करने वाले तबके का आचरण, कपड़ों का ढंग और रहन-सहन के तौर-तरीके, घरेलू मामलों में बन्दूक का इस्तेमाल, बाहरी मामलों में फौज पर उससे ज्यादा चालबाजियों पर आधार, विदेशों में भारतीय और मानवता के अन्य पीड़ित भाग, गोवा या पांडिचेरी और सिक्किम जैसों की स्थूल या अमूर्त प्राप्ति, संस्थाओं के आचरण और व्यवस्था में जनतंत्र के तत्त्व और नियम, निज के लाभ या आराम के लिए भ्रष्टता के साथ-साथ लोगों को खरीद लेना, प्रशासन में और सैकड़ों अन्य छोटे-बड़े मामलों में कौटिल्यवाद के प्रति क्रान्ति ने अपना रुख पलट दिया है। मैं समझता हूँ कि सिर्फ तीन दिशाओं में ही क्रान्ति ने अब तक पूरी तौर से पलटा नहीं खाया है—औद्योगीकरण, बालिग मताधिकार और भाषण की तुलनात्मक आजादी। इनमें भी आंशिक पलटाव तो दिखाई देने लगा है। अपने-आप को जो लोग महात्मा गांधी के आध्यात्मिक और राजनीतिक वारिस मानते हैं, उनकी तरफ से बालिग मत पर तो सुगठित हमला बोल दिया गया है और कुछ क्षेत्रों में, वह वास्तव में पीछे हट रहा है। औद्योगीकरण खंडशः आधुनिकीकरण जैसा दिखाई पड़ने लगा है और बड़े पैमाने के कुछ उद्योग दरअसल ज्यादातर नकल हैं और इतने कम युक्तिमान या अन्वेषणकारी हैं कि अर्थव्यवस्था का अधिकतर भाग अछूता पड़ा है।

देश के विभाजन के नेतृत्व और क्रान्ति के उलट जाने के बारे में कुछ विस्तार से मैंने लिखा है। राष्ट्र पर और कुल मिलाकर संसार पर स्थायी प्रभाव के दृष्टिकोण और कोई नेतृत्व इतनी विस्तृत जाँच-पड़ताल का अधिकारी नहीं है। संकुचित दृष्टिकोण से देखने पर, जो इस देश और मेरी पीढ़ी के लोगों की हालत

हुई, उसे बनाने में दो और आदमियों का हाथ है और कुछ विशेष कामों के बारे में उनमें से एक के नेतृत्व को परखने की मैंने कोशिश की है। ये तीन आदमी—महात्मा गांधी, श्री नेहरू और नेताजी सुभाषचन्द्र बोस—इस देश के घरों और दुकानों की दीवारों पर अकसर एक साथ दिखाई देते हैं। इससे जाहिर है कि उनके असर के बारे में मेरी राय निश्चय ही व्यक्तिगत राय मात्र नहीं है। ये गृहस्थ और दुकानदार समझ-बूझकर इस त्रिमूर्ति को कब तक पूजते रहेंगे, यह काफी सन्देहास्पद है। हाल ही में मैंने आन्ध्र के एक शहर के मुख्य चौराहे पर सीमेंट की बनी हुई मूर्तियाँ देखीं—गांधी जी बैठे हैं और सुभाषचन्द्र बोस तलवार खींचे खड़े हैं। किसी तार्किक और चिन्तक के मुकाबले शायद साधारण आदमी में काफी मात्रा में गूढ़ समझ-बूझ होती है। इससे उसे असमाधानकारी चीजों में समाधान करने में मदद मिलती है। वास्तव में, स्वाधीनता की कामना की महान आवश्यकता ने इन तीनों को संयुक्त किया, तथापि इन तीनों की सम्मिलित पूजा में भारतीय स्वभाव के निर्वाह करने का भाव और असदृशता दूर करने की इच्छा और प्रयास कम एवं प्रार्थना का अधिक दर्शन न हो तो अच्छा है।

स्वाधीनता की कामना ने इन तीनों को संयुक्त किया, तो भी उनके बीच में ऐसा गहरा मतभेद था कि उन्होंने हमारे राष्ट्रीय जीवन के वर्तमान ताने-बाने को हानि पहुँचाई, हालाँकि बहुत सम्भव है कि यह भारत के अति दीर्घ अतीत के असम्बद्ध और दुराग्रही अवयवों की प्रतिच्छाया रही हो। भारतीय जनता समझ-बूझ से न कि भावुकता से, अपने कुछ पिछले दिनों का मतैक्य करने की चेष्टा करे और वह निर्वाह करने की और क्षमा करने की कोशिश करे, लेकिन वह अपने अनुभव और इतिहास के अप्रिय तथ्यों को भुलाए या निष्प्रभ न करे तो अच्छा होगा। मेरी पीढ़ी के लोगों के लिए गांधी जी कल्पना, जवाहरलाल जी कामना और नेताजी सुभाष कर्म के प्रतीक हैं। कल्पना सर्वदा द्रष्टा रहेगी। तथापि विस्तार में उसके कुछ अपने दोष थे, पर उसकी कीर्ति। मैं आशा करता हूँ कि समय के साथ चमकेगी। कामना कड़वी हो गई है और

कर्म अपूर्ण रहा। कल्पना, कामना और कर्म सिर्फ आपस में ही नहीं, पर इससे ज्यादा उनकी जनता पर उनका जो असर पड़ा, उसके बारे में भी वे एकमत न थे। यह तथ्य हमारे लिए जो उनके प्रभाव में रहे, दुख का कारण होगा और इतिहासकार के लिए शोक का।

मैं कभी-कभी सोचता हूँ कि श्री नेहरू के महान पतन का मेरा मूल्यांकन वस्तुनिष्ठ है या नहीं। इसमें जरा भी शक नहीं कि मेरे लेखों पर और ज्यादा भाषणों पर एक आहार्य अंग असर डालता है। देश का हर असरदार आदमी आखिरकार श्री नेहरू की आरती उतार चुका है और सभी मत, जिनकी चर्चा होती है या जो मान लिये जाते हैं, वे उन्हीं से उपजते हैं और इनमें बहुत से अशिष्टतापूर्ण निरर्थक हैं। ऐसी स्थिति में, मुख्य और वास्तव में एकमात्र पापी को न पकड़ना असम्भव हो जाता है। जब लोगों ने मुझसे पूछा कि मुझमें श्री नेहरू के बारे में एक प्रकार का पूर्वग्रह क्यों है, तो मैंने उनसे कहा कि पूर्वग्रह मुझमें नहीं, पर ऐसे दूसरे लोगों में है जो मत बनाते हैं। एक ऐसे आदमी को जो असल में स्थायी की अपेक्षा सामयिक है, उसको इतना महत्त्व देते समय मैं कभी-कभी अपने-आप पर नाराज भी होता हूँ, लेकिन जब देश की राजनीति सिर्फ एक आदमी और तीन विभिन्न प्रकार के चूहों को ही जानती है, जो चाटते हैं और जो काटते हैं, जो बारी-बारी से काटते-चाटते हैं, तब जो राजनीति में है, वह दूसरा और क्या कर सकता है। काटने वाले चूहे बहुत अलभ्य हैं, हालाँकि किसी दिन वे बढ़कर आदमी का आकार ग्रहण कर सकते हैं। जब देश में संगठित राजनीति और मत श्री नेहरू की स्वार्थपरक स्तुति करना बन्द कर देंगे, मैं भी उनके बारे में पूर्वग्रह छोड़ दूँगा, जो जाहिर है अन्तर्वेग से कहीं ज्यादा राजनीतिक है। सवाल अब भी बचा रहता है कि श्री नेहरू के पतन के बारे में मेरा मूल्यांकन, कम-से-कम आंशिक रूप से, गलत हो सकता है क्या और यह भी एक और सवाल कि श्री नेहरू कभी भी इतने महान थे क्या कि मेरी पीढ़ी के असंख्य नर-नारियों की कामना बनने के योग्य होते।

आचरण और भाव में भी श्री नेहरू जीवन के प्रति हमेशा अत्यन्त सहृदय रहे हैं, हालाँकि आज मैं यह नहीं जानता कि वह भाव से ज्यादा आचार था या नहीं, लेकिन आचार में सीमित रहने के बावजूद, सहृदयता हमेशा स्वच्छता की द्योतक होती है। एक अवसर पर श्री नेहरू बीमार पड़े थे और उनकी पुत्री विदेश में बहुत दिन के आवास के बाद घर लौट रही थीं। वे बहुत चिन्तित थे कि उसको लेने वे हवाई अड्डे पर न जा सकेंगे। मैं हँस दिया और उसके बारे में लापरवाही से मैंने उनसे कहा कि उसकी बुआ समेत और बहुत से तो वहाँ होंगे। वे अपनी पुत्री की भावनाओं की कल्पना करने की कोशिश करने लगे, जबकि उसकी खोजती आँखें उनके चेहरे को न देख पाएँगी। एक प्रकार की जड़ता मुझ पर हावी हो गई थी और मैंने कह दिया कि वे उसे सीधे से बतला देंगे कि उनकी तबीयत कुछ खराब है। उन्होंने मुझे बतलाया कि खोजती आँखों को बाप के दिखाई न पड़ने और खबर मिलने तक कि वे क्यों नहीं आए—इस बीच जो एक या दो क्षण बीतेंगे, वे क्षण दुनिया-भर की व्यग्रता और विमर्श से पूरित होंगे। शायद युवावस्था के प्रारम्भ में ऐसा जागरूक और सम्पन्न प्रेम सम्भव नहीं है, तथापि, जब कोई पूरी बात समझ जाता है तो वह बेटी और बाप दोनों को पसन्द करने लगता है।

मैं समझता हूँ कि मुझ पर और मेरे देश पर श्री नेहरू के जादू का सबसे बड़ा कारण था, उनकी महान सहृदयता या उसकी विश्वासोत्पादक नकल। स्वाधीनता संग्राम के सरस दिनों में भी क्या वे इतने ही सहृदय थे, जितने कि वे प्रतीत होते थे? क्या बढ़ती हुई उमर और पद के साथ मिलने वाले आराम या शक्ति के कारण उनकी सहृदयता पतित हुई? यह मुमकिन है कि हमेशा उनकी सहृदयता आंशिक रूप से ही सही, एक रीति और कठिन अध्यवसाय से प्राप्त परिष्कृति थी, लेकिन यह तो निश्चित है कि वह जो कुछ भी थी, उसमें बाद के दिनों में पतन हुआ। कौन जाने कि सचमुच यह आदमी दोषी नहीं है और यह हुनर, यह जोड़-तोड़, अनुमति के बिना

यह स्वीकरण और कातरता के बिना यह आत्मसमर्पण, सीमित त्याग की यह क्षमता और असीमित मान के लिए यह कामना और राजकौशल एवं गुटबन्दी कौशल का वह उत्कृष्ट ज्ञान उनके खून की ही पद्धति है, जिसका संसार में अतुल्य उदाहरण हैं, चार हजार वर्ष या उससे ज्यादा की हिन्दुस्तान की शासक जातियाँ।

इस उत्कृष्ट कौशल का उदाहरण देने के पहले, मैं अपनी आशंका की बात बतलाना चाहूँगा कि अगर नेताजी सुभाष आजादी के लिए अपने महान और अद्वितीय काम के बाद कभी वापस आते, तो ज्यादा-से-ज्यादा छह महीने तक श्री नेहरू के लिए वे बड़ी मुसीबतें खड़ी कर देते। अगर श्री बोस के लौटने के बाद श्री नेहरू जीवित रह सकते, तो छह महीने के बाद फिर वे ऊपर आ जाते और सुभाष बोस या तो उनके विरोध में खड़े हो जाते या दूसरे नम्बर पर आ जाते।

श्री बोस में श्री नेहरू जैसी पटुता और परिष्कृत नहीं थी। उन्होंने कुछ मौकों पर चालाक बनने की कोशिश जरूर की और मैं जानता हूँ कि उन्होंने की, लेकिन ऐसे कामों में उस्ताद के जैसा पक्का दाँव वे नहीं जानते थे और उन्होंने कुछ बड़ी गलतियाँ कीं। जब कभी उनसे आखिरी मुलाकात की बात मुझे याद आती है, तब अपनी बुद्धि पर मुझे थोड़ा तरस आता है और दुख होता है कि श्री बोस ने गांधी जी के साथ, मोटे तौर पर ही क्यों न हो, मिलकर चलने का कोई तरीका क्यों नहीं निकाला। दक्षिण अफ्रीका के बारे में गांधी जी ने एक प्रस्ताव बनाया था, जिसमें अखिल भारतीय कांग्रेस कमेटी द्वारा एक संशोधन पास कराने में मैं श्री नेहरू की मदद से ही सफल हुआ था। कुछ देर बाद गांधी जी ने कमेटी को कहलाया कि वह उस विषय पर कोई संशोधित प्रस्ताव न करे या जैसा उन्होंने बनाया था वैसा ही पास करे। यह एक प्रकार से बादशाह के फरमान जैसा था। गांधी जी की मर्जी के माफिक ही कमेटी ने किया और दूसरे दिन के लिए स्थगित हुई। हम जब हॉल से बाहर आ रहे थे, सुभाष बाबू मेरे करीब आए और पूछने लगे कि कम-से-कम अब मैं यह

समझा या नहीं कि कांग्रेस अशक्त है। इस पर मैंने तीखा जवाब दिया कि हम सब जानते हैं असल हालत क्या है, लेकिन कुछ उसके मुताबिक अमल नहीं करते, जब कि मैंने किया।

आज मैं विश्वास से नहीं कह सकता कि सुभाष के मामले में गांधी जी दोषी थे। वास्तव में, मैंने गांधी जी की पसन्दगी के बारे में एक अजीब बात देखी है कि कांग्रेस पार्टी के अन्दरूनी झगड़ों में वे अकसर कम उग्र पक्ष की तरफ रहते थे, जैसे नेहरू और सेनगुप्ता या बोस और पट्टाभि, राजगोपालाचारी और सत्यमूर्ति, सत्यपाल और भार्गव इत्यादि के आपसी झगड़ों में। यह शायद इस वजह से होता था कि कांग्रेस में ज्यादा उग्र व्यक्ति या पक्ष, अहिंसा और गांधी जी की अन्य मान्यताओं के बारे में कम नमनशील था, लेकिन यह भी मुमकिन है कि स्वभाव की कुछ कमियों या किसी स्थिति की अप्रकृत बारीकियों के कारण गांधी जी ने वैसा व्यवहार किया। गांधी जी के दर्शन और कर्म के अनेक विषयों की तरह ही इसका भी व्यापक अन्वेषण होना चाहिए।

मेरी वर्तमान धारणा के रहते हुए, मैं नहीं जानता कि जैसा मैंने किया उससे मैं कुछ अलग व्यवहार करता, क्योंकि जब पसन्दगी का क्षेत्र बहुत सीमित रहता है तब बेहतर समझदारी की बात करने में कोई ज्यादा सार नहीं होता। उस समय मैं तटस्थ था, इसलिए कि मैं नेताजी के मुकाबले गांधी जी को चाहता था, पर उनके आदमियों को पसन्द नहीं करता था। मैं इस बात का भी उल्लेख कर देना चाहता हूँ कि गांधी जी के व्यक्तिगत विचारों और कर्मों के बारे में चाहे जैसी गुण-दोष परीक्षा मैंने की हो, क्या होना चाहिए और क्या है, की मेरी कल्पना की परिणति उनमें हुई। आदर्श सशरीर वास्तविकता में समाहित हुआ। सभी धर्मों और सभी राजनीतिक दर्शनों और असली चाह की लालसा की भी मन:स्थिति ऐसी होती है कि कोई चीज नहीं छूटती। सुभाष बाबू के जीवन-काल में जो मैंने रोका, उसे उनकी मौत के बाद उन्हें देने की अकसर मेरी ख्वाहिश होती है। नेताजी

सुभाषचन्द्र हल्दीघाटी भावना के समाहार थे। हमारे राष्ट्रीय जीवन में आज ठीक इसी भावना की बहुत आवश्यकता है। उनका लक्ष्य स्पष्ट था, उन्होंने न हार, न कमजोरी में पलायन किया और सभी स्थितियों में वे काम करने की कोशिश करते रहे। हल्दीघाटी भावना अकसर जितनी चतुर होती है, उससे ज्यादा चतुर अगर बने तो कितनी अच्छी हो।

श्री नेहरू के उत्कृष्ट कौशल की अभिव्यक्ति उस वक्त हुई थी जब गांधी जी की हत्या की जिम्मेदारी का विवाद उठ खड़ा हुआ था। हत्या के कुछ दिनों बाद, कमला देवी और जयप्रकाश नारायण मेरे पास आए। एक संयुक्त वक्तव्य पर वे मेरे हस्ताक्षर लेना चाहते थे, जिसमें और बातों के अलावा सरदार पटेल पर सरकार के अनेक विभाग ले लेने के कारण भी गृहमंत्री के कर्तव्यों से विमुख होने का आरोप लगाया गया था। वक्तव्य के इस हिस्से का मैंने विरोध किया और कहा कि प्रधानमंत्री समेत सभी ऐसे मंत्रियों पर आरोप लगाना चाहिए, जिन्होंने एक से अधिक विभाग लिये हैं। थोड़ी गरमी के साथ आपस में कुछ बहस हुई और मेरे हस्ताक्षर लिये बिना ही उन्हें जाना पड़ा। दूसरे दिन वे मेरे इच्छानुसार परिवर्तन करके वापस आए। मैं नहीं जानता कि उस समय श्री नेहरू से उनका कोई सीधा सम्पर्क था अथवा कि राव या शिवराव या ऐसा ही कोई बीच में था। मैं यह भी पक्के तौर से नहीं कह सकता कि अपनी परिष्कृति और चातुर्य के बावजूद इस मामले में श्री नेहरू का सीधा हाथ था।

जिस प्रेस कॉन्फ्रेंस में संयुक्त वक्तव्य दिया गया था, उसमें सवालों का जवाब देते हुए श्री नारायण ने बतलाया कि एक से ज्यादा विभाग सँभालने वाले मंत्रियों पर जो आरोप लगाया गया है, उसका मतलब गृहमंत्री से है। हमारे बीच जो कुछ चल रहा था, उसकी कुछ खबर लग गई होगी। काफी संख्या में वितरित होने वाली एक अंग्रेजी पत्रिका के श्री रंगास्वामी ने एक अवसर पर मुझसे पूछा कि क्या मैं श्री नारायण ने जो कहा उससे सहमत हूँ। तब तक मैंने जनतंत्र को विदग्धता के साथ, साथी के प्रति ईमानदारी को मान्यताओं और

मतों की अबोध अभिव्यक्ति के साथ मिलाना नहीं सीखा था और इसलिए ऐसे कुछ महत्त्वपूर्ण मौकों को हाथ से गँवा दिया।

हमारे सुझावों और आरोपों का जबरदस्त प्रचार हुआ। इससे श्री नेहरू को बहुत बड़ी मदद मिली, क्योंकि सरदार पटेल पर काफी अमिट कालिख पोतने से श्री नेहरू जनता की नजरों में और ऊँचे उठ गए। मैं कह नहीं सकता कि इसमें कोई सौदेबाजी की गई थी या अगर की गई थी तो कहाँ गड़बड़ हो गई। जो भी हो, जब सरदार पटेल के लोगों ने श्री नारायण के खिलाफ ऐसा हल्ला मचाया कि वे अपने सब दाँव-पेच और ताकत भूल गए तो नेहरू ने उनकी रक्षा की। श्री नेहरू ने अपने आश्रित को और इस मामले में अपने अत्यन्त पटु एजेंट को अति उदार और बहुत सार्वजनिक उपहार देकर बचाया।

जब मैं राजनीति में चालबाजी और कपटता की चर्चा कर ही रहा हूँ, तो मुझे यह बतलाना चाहिए कि देश के समाजवादी आन्दोलन को इन्हीं चीजों ने बहुत हद तक तहस-नहस किया। अतिकुशल आदमी, जिनके पीछे कुछ निश्चयात्मक शक्ति हो, अपने स्वार्थ के लिए चालबाजी से काम चला सकते हैं, लेकिन कम शक्ति और कम कौशल वाले लोगों के लिए ये चीजें अभिशाप बन जाती हैं। समाजवादी आन्दोलन ने जनता के मन को पर्याप्त मात्रा में बदलने के पहले और अपने नेतृत्व को पर्याप्त कुशल और अनुभवी बनाने के पहले ही हाथ की सफाई दिखलाने की कोशिश की। समाजवादी आन्दोलन का वह हिस्सा भी, जो चालबाजी को साफ तौर पर और बिलकुल नहीं इस्तेमाल करता, अभी तक अपने मन को पूर्ण रूप से सुधार नहीं सका है।

अभी उस दिन मैं अपने एक बहुत अनुभवी साथी से सोशलिस्ट पार्टी के भविष्य के बारे में बातें कर रहा था, जो फिलहाल कुछ स्पष्ट है। वह इतना हतोत्साह बिलकुल न था। मुझे अचरज हुआ। वह बहस करने लगा। वह कहने लगा कि निकट भविष्य में भारत सरकार को सोशलिस्ट पार्टी से समझौता

करना पड़ेगा। यही तो बात है! उसने अपने संगठन की बढ़ती हुई सदस्यता के बारे में नहीं सोचा। उसने अपनी पार्टी के बढ़ते हुए संगठन और कमेटियों के बारे में नहीं सोचा। उसने जनता के विचारों और कर्मों में परिवर्तन के बारे में सीधे नहीं सोचा। उसने पार्टी के आन्दोलनों या सिविलनाफरमानी में जनता के अधिक संख्या में भाग लेने के बारे में नहीं सोचा। शायद ये सब बातें उसके दिमाग में अस्पष्ट थीं, पर आखिर तक उसने नहीं सोचा। संकल्प की किसी कमजोरी ने ही उसे सत्तारूढ़ आदमी और उसके बदलते हुए रुख और चालबाजी के बारे में सोचने को विवश किया और चरम शक्ति के मूल रूप में जनता के बदलते हुए मत और संगठन के प्रति उसका ध्यान नहीं दिया। समाजवादी आन्दोलन की अब तक की असफलता और देश के विभाजन की जड़ में संकल्प की यही कमी है।

हल्दीघाटी भावना दूरदृष्टि से काम लेती है और लगातार हार की परवाह नहीं करती। वह नहीं मानती कि वर्तमान पीढ़ी के साथ-साथ संसार का भी अन्त हो जाएगा। वह नहीं मानती कि शक्ति और कल्याण का चरम मेल संकल्प के अधीन है और वह कितना पवित्र और विज्ञ और निःस्वार्थ एवं अविजेय है। भारतीय जनता हल्दीघाटी भावना से कभी-कभी ही परिचित हुई है, कम-से-कम अपनी राजनीति में। उसका पानीपत, कनवा और बक्सर भावना से बहुत ज्यादा काम पड़ा है। यह भावना नाप-तौल और हिसाब-किताब करती है एवं प्राय: दुश्मन का मुकाबला नहीं करती। जब भी वह दुश्मन से लड़ती है, उसका नाप-तौल और हिसाब-किताब जारी रहता है और हार मानने के लिए एवं आत्मसमर्पण करने के लिए वह जल्दी तैयार हो जाती है या कम-से-कम फिर लड़ने के इरादे से वह भाग नहीं जाती। वह हार के बाद फिर एकत्रित नहीं होती। भारतीय इतिहास में हल्दीघाटी एक है तो कम-से-कम पानीपत, कनवा और बक्सर सौ हैं। वास्तव में हिन्दुस्तान तब बदलेगा जब उसके युवक पानीपत, कनवा और बक्सर की चालबाजियों को अपने मन से निकाल फेंकने की प्रतिज्ञा करें।

क्रान्ति को विमुख होने से बचाने के लिए और विभाजन को खत्म करने के लिए और असल में, अब जो हिन्दुस्तान एवं पाकिस्तान है उनकी भलाई के लिए, सबसे पहली जरूरी चीज है, जनता में हल्दीघाटी भावना का प्रादुर्भाव। इन भावना का हिन्द-पाक समस्या के सम्बन्ध में ठोस मतलब क्या होगा? उसका मतलब होगा कि किसी भी परिस्थिति में युद्ध-सी दशा या रुख न हो। हिन्दुस्तान में जो लोग आम भाषणों के बदले निजी बातचीत में ज्यादातर पाकिस्तान को हथियार की ताकत से बर्बाद करने की धमकी देते हैं, वे या तो पागल हैं या धोखेबाज, शायद धोखेबाज ज्यादा। इस सदी के अन्तरराष्ट्रीय सन्दर्भ में ऐसी बात असम्भव है। शायद इसी वजह से आमतौर पर पाकिस्तान-विरोधी भावना मुसलमान-विरोधी भावना में पतित हो जाती है। चूँकि पाकिस्तान पर हमला करना नामुमकिन है, पागल लोग या बदमाश, जब कभी उन्हें मौका मिलता है, मुसलमानों पर हमला करने का फैसला करते हैं। ऐसी हरकतों से देश विभाजन की दीवार और मजबूत होती है। हिन्दुओं और मुसलमानों के बीच ज्यादा-से-ज्यादा सद्भावना से ही, जिसका अभाव पाकिस्तान बनने का मुख्य कारण है, देश के विभाजन की दीवार को तोड़ा जा सकता है। इसलिए हल्दीघाटी भावना को, हिन्दू-मुस्लिम सद्भावना को अपना स्पष्ट लक्ष्य बनाना चाहिए और उसकी प्राप्ति के लिए संकल्प लेना चाहिए। कोई भी हिन्दू जो विभाजन का दुश्मन है, उसे लाजिमी तौर पर मुसलमान का दोस्त होना चाहिए।

सामाजिक क्षेत्र में पूरी सद्भावना विवाह से सम्बन्धित होती है। मुझे यकीन है कि जब तक देश में होने वाला सौ में एक विवाह हिन्दू और मुसलमान के बीच न होगा, तब तक यह समस्या पूरी तौर पर नहीं सुलझेगी। यही हिन्दू-पद्धति की आन्तरिक जातियों के बारे में भी सही है, परन्तु सद्भावना के सैकड़ों और तरीके हैं, जैसे नाम, भूषा, उत्सवों में संयुक्त रूप से भाग लेना, बाह्य आकृति, सहभोज और सर्वोपरि सार्वजनिक संगठनों में मिली-जुली सदस्यता, विश्वास और कर्म। आर्थिक क्षेत्र में सद्भावना का चरम स्वरूप है भारत के

नागरिकों के जीवन-स्तर में अधिकाधिक एकरूपता। यहाँ पर मैं कुछ धार्मिक और आध्यात्मिक विश्वासों में आवश्यक परिवर्तनों की चर्चा नहीं करूँगा, पर इतना कहूँगा कि हिन्दूवाद में जाति-प्रथा का नाश इन सभी के लिए पहली शर्त है। भारतीय और पाकिस्तानी सरकारों के बीच संघात्मक योजनाएँ, जनता से जनता के रिश्ते और पखतूनिस्तान, बंगाल इत्यादि की स्थितियों सम्बन्धी विशेष योजनाएँ जैसे अन्य खुशहाली लाने वाले हलों का उल्लेख करते हुए मैं समाप्त करता हूँ।

❂